T0298790

سلسلة المدير العربي الفعّال (1)

إدارة الاجتماعات

الجوانب الإجرائية

قواعد روبرت التنظيمية في إدارة الاجتماعات

Meetings Management : The Procedural Dimensions

Robert's Rules of Order

إعداد

الأستاذ الدكتور

عبد الباري ابراهيم درة

رئيس جامعة الاسراء سابقاً

نائب رئيس جامعة عمان العربية للدراسات العليا

دار وائل للنشر

الطبعة الأولى

2008

رقم الايداع لدى دائرة المكتبة الوطنية : (2008/2/556)
درة ، عبد الباري إبراهيم
إدارة الاجتماعات: الجوانب الإجرائية: قواعد روبرت التنظيمية في إدارة الاجتماعات/ إعداد عبد الباري إبراهيم درة. - عمان ، دار وائل 2008
(170) ص (سلسلة المدير العربي الفعال 1)
ر.إ. : (2008/2/556)
الواصفات: إدارة الأعمال/ المديرون التنفيذيون/ إدارة المشاريع/ الأردن
* تم إعداد بيانات الفهرسة والتصنيف الأولية من قبل دائرة المكتبة الوطنية

****

رقم التصنيف العشري / ديوي : 658.403
(ردمك) ISBN 978-9957-11-753-5

* إدارة الاجتماعات - الجوانب الإجرائيـة
* الأستاذ الدكتور عبد الباري إبراهيم درة
* الطبعــة الأولى 2008

* جميع الحقوق محفوظة للناشر

دار وائــل للنشر والتوزيع

* الأردن - عمان - شارع الجمعية العلمية الملكية - مبنى الجامعة الاردنية الاستثماري رقم (2) الطابق الثاني
هـاتف : 00962-6-5338410 - فاكس : 00962-6-5331661 - ص. ب (1615 - الجبيهة)
* الأردن - عمـان - وسـط البـلد - مجمـع الفحيص التجـاري- هـاتف: 00962-6-4627627
www.darwael.com
E-Mail: Wael@Darwael.Com

جميع الحقوق محفوظة، لا يسمح بإعادة إصدار هذا الكتاب أو تخزينه في نطاق استعادة المعلومات أو نقله أو إستنساخه بأي شكل من الأشكال دون إذن خطي مسبق من الناشر.

All rights reserved. No Part of this book may be reproduced, or transmitted in any form or by any means, electronic or mechanical, including photocopying, recording or by any information storage retrieval system, without the prior permission in writing of the publisher.

الفهرست

بسم الله الرحمن الرحيم

الإهـــداء

الشكر والامتنان إلى كل من رعاني وكان دائم السؤال عني في رحلة الشفاء إلى الولايات المتحدة، صيف عام 2007 ، وأخص بالذكر:

- وطفة ... الزوجة العزيزة الرقيقة الحانية (رفيقة الحياة والسفر).
- ولدي الحبيب د. ابراهيم وزوجته د. هبة عبد الله وحفيدي رنيم وعبد الباري الصغير (بالولايات المتحدة).
- ولدي الحبيب د. عمر وزوجته د. رنا الرشيد وحفيدي سلمى وزيد (بالولايات المتحدة).
- ابنتي الحبيبة لينه واسرتها (في السعودية).
- ابنتي الحبيبة ديمة واسرتها (في بريطانيا) .
- الشقيقات واسرهن في فلسطين والأردن .
- الاقرباء والانسباء .
- الأصدقاء في الأردن ومصر والولايات المتحدة .

ولله المنة والفضل من قبلُ ومن بعد

عبدالباري

أقوال في الاجتماعات واللجان

قال الله تعالى :

1. (ولاَ تلْبسوا الحقّ بالباطل وتكتموا الحقّ وأنتم تعلمون)

سورة البقرة الآية 43

2. (ألم تر كيف ضرب اللهُ مثلاً كلمةً طيبةً كشجرة طيبة اصلُها ثابتٌ وفرعُها في السماء، تؤتي اكلها كلّ حينٍ باذنِ رّبها، ويضربُ اللهُ الأمثالَ للناس لعلهم يتذكرون)

سورة ابراهيم، الآيتان 25 ، 24

قال عليه السلام :

1. "الكلمة الطيبةُ صدقةٌ "

2. أبغضُكم اليَّ الثرثارون والمتشدقون"

قال علي بن ابي طالب، كرّم الله وجهه :

1. "المرءُ مخبوءٌ تحت لسانِه"

2. "لا تقلْ ما لا تعلمْ وإن قلَّ ما تعلم"

قال الشاعر :

دع الجدالَ ولا تحفلَ به أبداً   فانه سببٌ للبُغض ما وُجدا

قال سهيل بن عمرو :

"أساءَ سمْعاً فأساء إجابةً "

قال هنري روبرت :

1. **"عندما لا يكون هناك قانونٌ ويفعل كلُ انسانٍ ما يراه صائباً من وجهة نظره، فان هذه هي الحرية في ادنى مستوياتها"**

2. **"في بلادٍ حيث يكون انسانٌ او اكثر عضواً في جمعية أو مؤسسة فان المعرفة بالإجراءات البرلمانية (أو القواعد التنظيمية) تعتبر جزءاً ضرورياً من تربيته (وثقافته) " .**

" الجمَل ما هو الاّ الحصان صممتْه لَجنة ! "

قول مأثور

" إن أفضلَ أنواع اللجان لَجنةٌ تتألف من خمسةِ اشخاص، أَربعةٌ من أعضائها أعضاء غائبون ! "

قول مأثور

بسم الله الرحمن الرحيم

مقدمة

يعيش الانسان المعاصر في **مجتمع تنظيمي**، بمعنى أنه تسيطر على حياته منذ أن يولد إلى ان يوارى التراب تنظيمات أو منظمات أو مؤسسات كالأسرة والمدرسة والجامعة والمؤسسات التي يعمل فيها والنوادي والاحزاب التي ينضم اليها، كما أن كثيراً من الأنشطة التي يقوم بها تتم من خلال تنظيمات رسمية وغير رسمية.

ومن جهة أخرى فان تلك التنظيمات (المنظمات أو المؤسسات) تمارس الكثير من انشطتها من خلال مجموعات صغيرة يلتقي اعضاؤها معاً لتبادل المعلومات أو التخطيط لأعمال أو حل مشكلات او اتخاذ قرارات اصطلح على تسميتها باسم **اجتماعات**. فالاجتماع في معناه المحدد، هو التقاء ثلاثة أشخاص أو اكثر وجهاً لوجه لفترة من الزمن لتحقيق هدف معين او انجاز عمل ما.

نستنتج مما سبق ان الانسان يعيش في مجتمع **تنظيمي** "**اجتماعي**" (نسبة الى الاجتماع) إن صح التعبير.

الواقع ان لكل منا تجارب، قد تكون سعيدة أو محبطة، لاجتماعات حضرناها وعقدت داخل العمل وخارجه. كذلك فان الكثير منا قضى اوقاتاً طويلة او قصيرة في تلك الاجتماعات، فلا غرو والحالة هذه ان نقول ان الاجتماعات تشكل جزءاً من حياتنا المعاصرة داخل البيت والعمل وخارجه.

للاجتماعات جوانب ايجابية وجوانب سلبية. فكثير من المهام تتم في الاجتماعات واللجان التي تنبثق عنها وكثير من القرارات في حياة الانسان والمؤسسات تُتخذ في الاجتماعات، والعديد من المشروعات يتم التخطيط لها وتنفيذها ومتابعتها في الاجتماعات.

وفي نفس الوقت فان عدداً من المديرين والعاملين يهدرون الساعات الطوال من اوقاتهم في اجتماعات غير مثمرة، ثم انك تسمع تعليقات ساخرة لكثير من العاملين الذين يحضرون اجتماعات في مؤسساتهم، ذكرنا عدداً منها في الأقوال التي صدّرنا بها هذا الكتاب.

ان المديرين في المؤسسات العربية المعاصرة لم يستطيعوا حتى الآن ان يروا في الاجتماعات فرصاً تحقق نتائج ملموسة، ولم يبذلوا الجهد الكافي في تلافي سوءات الاجتماعات وعيوبها.

ان الاجتماع كأي نشاط انساني، له مقدمات وتتم فيه انشطة وتنجم عنه نتائج. ورغم ان هذه حقيقة بديهي الاّ ان المنظمات الحديثة لم تستوعبها، بل وتكرس الجوانب السلبية للاجتماعات.

ان الاجتماعات التي تعقد في المؤسسات المعاصرة ظاهرة معقدة تشكلها شخصيات المجتمعين، وديناميات الجماعة والتأثيرات والعوامل المجتمعية المختلفة. وللاجتماعات كذلك جوانب إدارية فنية اجرائية، وجوانب سلوكية، وجوانب اقتصادية اجتماعية سياسية.

يتناول هذا الكتاب الجوانب الادارية والفنية والاجرائية للاجتماعات. ومن هنا جاء عنوانه: **ادارة الاجتماعات: الجوانب الاجرائية. قواعد روبرت التنظيمية في ادارة الاجتماعات**

Meetings Management : The Procedural Dimensions. Robert's Rules of Order

ونعنى بالجوانب الاجرائية تلك الاجراءات التي تمهّد للاجتماعات مثل تحضير جدول أعمال والإجراءات التي تتم داخل الاجتماعات مثل وجود نصاب وتقديم اقتراحات ومناقشتها والتصويت عليها واتخاذ قرارات بشأنها، وكتابة محضر للاجتماع، ثم متابعة ما يتخذ في الاجتماع من قرارات.

والواقع ان هذه الجوانب الفنية والاجرائية هي الموضوع الذي دارت حوله جهود الكاتب الأمريكي هنري روبرت (Henry Marlyn Robert) (1837-1923) الذي كتب عام 1875 كتاباً تحت عنوان :

دليل الجيب في القواعد التنظيمية للجمعيات النقاشية

Pocket Manual of Rules of Order for Deliberative Assemblies

وصدر عنه طبعات عدة تحت عنوان **قواعد روبرت التنظيمية للاجتماعات** Robert's Rules of Order وكان آخرها عام 2000 في طبعته المنقحة تحت عنوان:

Roberts Rules of Order. Newly Revised

وقد ترجمه مركز دراسات الوحدة العربية في بيروت عام 2005 تحت عنوان: **قواعد النظام الديموقراطية قواعد روبرت التنظيمية للاجتماعات** .

إن هذا الكتاب الذي نضعه بين يدي القارئ العزيز عن **إدارة الاجتماعات: الجوانب الاجرائية. قواعد روبرت التنظيمية** في ادارة الاجتماعات Roberts Rules of Order يحاول ان يوضح بشكل مبسط تلك القواعد التي وضعها هنري روبرت عن إدارة الاجتماعات. وقد رأيت ان هناك حاجة ماسة ان يلم المدير العربي بهذه القواعد وان يطبقها عند ترؤسه او حضوره اجتماعاً في مؤسسة. كما رأيت ان على القارئ العربي ان يقف على تلك القواعد التنظيمية لأنها تفيده في حياته داخل العمل وخارجه، سيما وأن الاجتماعات تستغرق وقتاً لا بأس به من وقت كل منهما. وقد زاد من قناعتي عن وجوب إعداد مثل هذا الكتاب اللغة القانونية المعقدة التي وضع بها الكتاب باللغة الانجليزية وكذلك الترجمة العربية له. فالكتاب بالانجليزية يتكون من (702) صفحة وبالعربية من (608) من القطع الكبير. ومن هنا فان قراءته سواء بالانجليزية أو العربية تتطلب وقتاً وجهداً واضحين، كما يخشى ان يصاب القارئ بالملل.

يضاف إلى ذلك كله ان الكاتب ومن خلال دراساته وخبراته مديراً ومسؤولاً في مؤسسات القطاع العام والخاص يرى ان مؤسساتنا العربية لا تتقن فن ادارة الاجتماعات

وأن هدراً بيّناً في الطاقات والوقت يتم في تلك الاجتماعات، ومن هنا تبرز أهمية هذا الكتاب لتلك المؤسسات علها تقف على الجوانب الاجرائية عند عقد الاجتماعات.

والواقع أن هذا الكتاب يسد فراغاً في المكتبة العربية عن إدارة الاجتماعات. صحيح أنه كتبت عدة كتب بالعربية في الموضوع، كما ترجم الى العربية كتب اخرى، إلاّ أنه وفي حدود علم الباحث لم يكتب بالعربية عن الجوانب الاجرائية في إدارة الاجتماعات. كما تحدث عنها هنري روبرت.

إن لهذا الكتاب ملامح نجملها فيما يلي:

1-التبسيط في شرح القواعد التنظيمية لإدارة الاجتماعات :

لقد عرض هنري روبرت في سفره الكبير هذه القواعد، وقد أراد الباحث أن يبِّسطها، مما قد يسهل على القارئ قراءة الكتاب الأصلي إن أراد وييسر على المدير إدارة الاجتماعات بكفاءة.

2-ابراز قضية الديمقراطية في إدارة الاجتماعات :

استند هنري روبرت في إعداد كتابه على ما عرف باسم **القانون البرلماني والإجراءات البرلمانية**. ولقد تأثر بالكتاب الذي اعده ثوماس جيفرسون (Thomas Jefferson) نائب الرئيس الأمريكي عن الممارسات البرلمانية، وكذلك بالكتاب الذي كتبه بارلكي (Barclay) عن القواعد والممارسات في مجلس النواب. وهذان الكاتبان وغيرهما تأثراً بما كان يمارس في المجالس التشريعية البريطانية. ومن الواضح ان هذه الإجراءات البرلمانية تقع في صلب العملية الديمقراطية التي تجسد حكم الشعب بواسطة الشعب ولصالح الشعب.

أبرز هنري روبرت عدداً من المبادئ الديمقراطية في إدارة الاجتماعات ومنها مراعاة اللطف والتهذيب والعدل والحياد والمساواة في تعامل الاعضاء مع بعضهم بعضاً اثناء الاجتماعات ومبدأ أن الأغلبية هي التي تحكم ويجب تأكيد حقوق الأقلية في الحديث وإبداء الرأي والتصويت. ونتيجة لحرص هنري روبرت على تأكيد مبادئ الديمقراطية والأساليب

المنبثقة عنها في إدارة الاجتماعات فإنه يستخدم تعبير الإجراءات البرلمانية (Parliamentary Procedures) لتكون مرادفة للقواعد التنظيمية (Rules of Order) للاجتماعات.

إن القواعد التنظيمية للاجتماعات، كما أبرزها هنري روبرت في كتابه سالف الذكر، لا تصلح للعمل الاّ في المؤسسات الديمقراطية التي تؤمن بالمشاركة وإبداء الرأي والتصويت الحر، والبعد عن السرية في التعامل واتباع الحياد في عرض الموضوعات ومناقشتها في الاجتماعات. ومن هنا تبرز أهمية الكتاب في دعم قضية الديموقراطية في العالم العربي. ومن دواعي سرور الباحث هنا أن يرى أن مجلس النواب الأردني، وهو أحد مؤسسات الديموقراطية في الوطن، قد استفاد من القواعد التنظيمية لهنري روبرت في آداب النقاش (أو الكلام كما سماه النظام الداخلي للمجلس) وعند التصويت، وهو ما أثبته في متن الكتاب.

3- الحرص على عرض النظرية ودعمها بالتطبيق :

لقد حرص الكاتب في هذا الكتاب على أن يبين الأسس النظرية التي تقوم عليها القواعد التنظيمية للاجتماعات، وعزز تلك الأسس النظرية بتطبيقات عملية مثل إعطاء الأمثلة وتقديم التمارين والحالات والنصوص والنماذج .

4- تزويد الكتاب بملاحق مفيدة :

ومن هذه الملاحق: ثبت بالمصطلحات المتعلقة بالاجتماعات والواردة في الكتاب ومسرد بمصطلحات في الاجتماعات والمؤتمرات مستفيداً من قاموس أصدرته منظمة اليونسكو عام 1978 ، وقد رأى الكاتب أن يضمّن الكتاب هذا المسرد ليقينه ان المصطلح الانجليزي الخاص بالاجتماعات والمؤتمرات وترجمته العربية ستفيد الباحث والممارس وهما يقرآن أو يتعاملان مع موضوع كتب فيه بالانجليزية الشيء الكثير وبالعربية الشيء النزر اليسير، وكذلك قائمة بفيديوهات (Videos) بمواقع الكترونية عن قواعد هنري روبرت التنظيمية للاجتماعات (Websites)

5-تطعيم الكتاب بمواد لم ترد في كتاب هنري روبرت عن القواعد التنظيمية للاجتماعات

إن كتاب هنري روبرت عن القواعد التنظيمية للاجتماعات ليس كتاباً مقدساً يجب ان يتبع بحذافيره، ذلك أن المؤلف نفسه والمؤلفين الآخرين الذين نقحوا الكتاب بعد وفاته ادخلوا كثيراً من التعديلات. ومن هنا فان الباحث أضاف أنواعاً من الاجتماعات لم ترد في كتاب هنري روبرت وكذلك أشار إلى ممارسة البرلمان الأردني بالنسبة لأصول النقاش (الكلام) والتصويت.

كما حرص الباحث في الجزء الخاص بالتطبيقات أن يكسو هيكل الكتاب بحالات وتمارين عملية مستمدة من الحياة المعاصرة ، والاقتراح للمدير العربي هنا ان يعمل بروح القواعد التنظيمية للاجتماعات كما وضعها هنري روبرت، فلا ضرورة لأن يقف مثلاً عندما يقدم اقتراحاً للاجتماع، وهكذا .

إن هذا الكتاب موجه إلى **فئات معينة** منها:

- المديرون والعاملون الذين يرأسون او يحضرون اجتماعات في المؤسسات العامة والخاصة في العالم العربي.

- الأكاديميون والطلبة في كليات العلوم الإدارية وفي كليات الحقوق.

- المدربون والمستشارون المهتمون بإدارة الاجتماعات في المؤسسات العربية التي يقومون بالتدريب أو تقديم الاستشارات فيها.

- أعضاء المجالس التشريعية في العالم العربي.

- المهتمون بالعملية السياسية والديموقراطية في العالم العربي.

يتكون الكتاب من الفصول التالية:

الفصل الأول: خلفية عامة: الديموقراطية (Democracy) ومقدمة عن هنري م. روبرت (Henry Marlyn Robert) وقواعده التنظيمية للاجتماعات.

الفصل الثاني: الاجتماعات: تحديد مفهومها وأنواعها .

Meetings : Definition of Meaning and Types

الفصل الثالث: عملية معالجة الاقتراحات في الاجتماعات

The Motion Making Process in Meetings

الفصل الرابع: قضايا مختارة في ادارة الاجتماعات

Selected Issues In Meetings Management

كما تضمن الكتاب تطبيقات عملية كالحالات الادارية ونصين للمناقشة عن إدارة الاجتماعات ونموذجاً لتقييم الأداء وتمريناً تطبيقياً والملحق رقم (1) ويتناول ثبتاً بالمصطلحات المتعلقة بالاجتماعات والواردة في الكتاب (Glossary) والملحق رقم (2) ويتناول مسرداً بمصطلحات في الاجتماعات والمؤتمرات، والملحق رقم (3) عن فيديوهات (Videos) مواقع الكترونية (Websites) عن قواعد روبرت التنظيمية للاجتماعات.

ومن الجدير بالذكر ان هذا الكتاب يرتبط لدى الكاتب **بقصة وحدث**. اما **القصة** فتعود جذورها الى السبعينات من القرن المنصرم ذلك ان الكاتب كان من الأشخاص الذين ساهموا في تأسيس جامعة اليرموك في اربد في الأردن عام 1976. وكان اول مرة يسمع عن القواعد التنظيمية للاجتماعات من الاساتذة الذين عملوا في الجامعة الامريكية في بيروت ثم انضموا الى جامعة اليرموك عندما تأسست، وقد اعجب بالطريقة الكفؤة القديرة التي ادار بها اولئك الاساتذة الاجتماعات التي كانوا يرأسونها في الجامعة، ثم تعزز ايمانه بالفوائد التي تترتب على تطبيق تلك القواعد التنظيمية في اجتماعات مجلس ادارة الاتحاد الدولي لمنظمات التدريب والتنمية

The International Federation of Training & Development Organizations-IFTDO

الذي انضم اليه الكاتب منذ عام 1997 عضواً في مجلس الإدارة ورئيساً للمجلس. فقد لاحظ سرعة إنجاز جدول الأعمال الذي يضعه السكرتير العام للاتحاد ودقة المحاضر التي

بعدها، وكذلك الطريقة المنتظمة التي تدار بها اجتماعاته. وقد أغنى خبرته في هذا الموضوع أن مجلس الادارة كان يتألف من عشرين عضواً من القارات الخمس، ومنهم عدد من الولايات المتحدة الأمريكية وكندا وبريطانيا، وكان المجتمعون يطبقون قواعد روبرت التنظيمية للاجتماعات بطريقة أو بأخرى.

اما **الحدث** فان الكاتب قد ابتلاه الله بمحنة صحية في الولايات المتحدة الأمريكية صيف عام 2007 ، ثم منّ عليه بسرعة الشفاء، وقضى فترة النقاهة في إعداد الفصول الأولى من الكتاب ويسر له عملَه وجود الكتب العديدة بالولايات المتحدة بعضها مفصل وبعضها مختصر مبسط عن قواعد روبرت التنظيمية للاجتماعات وكذلك المواقع الالكترونية المتعددة عن تلك القواعد. ومنذ تلك اللحظات المؤلمة والسعيدة نذر الكاتب ان يكتب سلسلة من الكتب المبسطة تهدي المدير العربي ليكون مديراً فعّالاً في تصريف اعماله، وكان هذا الكتاب الأول باكورة هذه السلسلة وسيتلوه في السلسلة باذن الله وتوفيقه كتاب شقيق متمم له عن **الجوانب السلوكية في ادارة الاجتماعات** . ويدعو الكاتب ربه ان يتنفس به الأجل ليتم باقي مفردات السلسلة علها تكون من العلم النافع الذي يفيد البلاد والعباد بعد ان يسترد الله وديعته وتكون هذه الكتب من الأعمال الباقيات التي قد تشفع للكاتب بان يتغمده الله برحمته ورضوانه ويدخله الجنة.

ولقد أسعد الكاتب أن الناشر اللامع الأستاذ وائل ابو غربية صاحب دار وائل للنشر في عمان بالأردن قد تبنى هذه السلسلة ووعد بإخراجها في ثوب جذاب، فالشكر موصول له، داعياً الله ان يكون ذلك في ميزان حسناته، إنه سميع مجيب ويسعد الكاتب أيضاً ان يتقدم بشكره الجزيل للصديق الأستاذ فائق حمدان القدومي الذي قام بقراءة مسودة الكتاب وأدخل فيها العديد من التحسينات والاقتراحات، والله هو الموفق وهو نعم المولى ونعم النصير .

أ. د. عبد الباري ابراهيم درة

الفصل الأول

خلفية عامة

الديموقراطية (Democracy) والإجراءات البرلمانية (Parliamentary Procedures)
ومقدمـة عـن هـنري م. روبـرت (Henry Marlyn Robert) وقواعـده التنظيميـة
للاجتماعات Robert's Rules of Order

الأهداف الأدائية (Performance Objectives) :

يتوقع ان يحقق الدارس الأهداف الأدائية التالية، بعد ان يقرأ هذا الفصل :

1- أن يحدد، بكلماته الخاصة، معنى الديموقراطية.

2- أن يحـدد، بكلماتـه الخاصة، خمسـاً مـن المبـادئ الديموقراطيـة، التـي تتبعهـا المـنظمات لتكـون ديموقراطية .

3- أن يحدد، معنى الإجراءات البرلمانية والفرق بينها وبين القواعد التنظيمية للاجتماعات.

4- أن يعدد **ثلاثاً** من المبادئ التي تقوم عليها القواعد التنظيمية للاجتماعات وثلاثة من الأساليب التي تدعم تلك المبادئ .

5- أن يقدم نبذة عن حياة هنري روبرت والتأثيرات التـي تعـرض لهـا عنـد اعـداد كتابـه عـن القواعـد التنظيمية للاجتماعات (Robert's Rules of Order)

6- أن يوضح، بكلماته الخاصة، أثر هنري روبرت في وضع قواعد لإدارة الاجتماعات بكفاءة.

الفصل الأول

خلفية عامة

الديموقراطية (Democracy) والإجراءات البرلمانية (Parliamentary Procedures) ومقدمة عن هنري م.
روبرت (Henry Marlyn Robert)

وقواعده التنظيمية للاجتماعات (Robert's Rules of Order)

إن إدارة الاجتماعات موضوع متشعب ذو علاقة بكثير من الموضوعات ومن هذه الموضوعات ما يلي:

- الديموقراطية (Democracy)

- الإجراءات البرلمانية (Parliamentary Procedures)

- الجوانب الإجرائية التنظيمية في إدارة الاجتماعات .

- اتخاذ القرارات .

- الجوانب السلوكية في إدارة الاجتماعات.

- إدارة الوقت.

- تحقيق الأهداف والنتائج من الاجتماعات.

وسنحاول في هذا الفصل ان نعالج الموضوعات التالية:

الديموقراطية والإجراءات البرلمانية، ثم نعطي مقدمة عن الجنرال الامريكي هـنري روبـرت (Henry Robert)
(1837-1923) الذي جسد مبادئ الديموقراطية والإجراءات

البرلمانية في قواعد اجرائية وتنظيمه للاجتماعات أصبحت شائعة في جميع المؤسسات العامة والخاصة، صغيرها وكبيرها، ومؤسسات المجتمع المدني في العالم ويطلق عليها قواعد روبرت التنظيمية للاجتماعات (Robert's Rules of Order) .

الديموقراطية :

الديموقراطية كما عرفها الرئيس الأمريكي ابراهام لنكولن (Abraham Lincoln) هي "حكم الشعب وبواسطة الشعب ولصالح الشعب" ، وقد انتقلت الروح الديموقراطية من المجتمع والحكومة إلى المنظمات الحديثة (Organizations) وعرف عالم الإدارة والأعمال منظمات تسلطية دكتاتورية (Authoritative Organizations) تتركز السلطة فيها في يد قائد أو مدير أو مجموعة من المديرين أو الأشخاص لا يكونون مسؤولين أمام أعضاء المنظمة أو الهيئات التي تمثلهم. كما عرف ايضاً نموذج المنظمات الديموقراطية (Democratic Model) حيث يكون لاعضاء المنظمة سلطة وقول في اتخاذ القرارات . وقد نظمت العلاقة بين الأعضاء والمديرين فيها بوضع قاعدة يتم فيها التوازن بين حقوق الأعضاء وسلطات المديرين الذين كثيراً ما يتم تعيينهم بالانتخاب.

لقد اثبتت التجارب العملية ان على المنظمات ان تتبع النموذج الديموقراطي في الإدارة إن أرادت ان تستمر في البقاء وأن تنمو، وذلك لسبب بسيط هو ان هذا النموذج يتيح الفرصة لمتخذي القرارات أن يفيدوا من مواهب الأعضاء وقدراتهم وكفاياتهم (Competencies) ، وتعتبر المنظمات منظمات ديموقراطية إذا اتبعت في إدارتها المبادئ الديموقراطية التالية:

1- يحكم الأعضاء من خلال عملية اتخاذ القرارات التي أسسوها وتقوم على التصويت .

والواقع أن قانون المنظمات وانظمتها وتعليماتها يجب ان تجسد هذا المبدأ وتنص عليه صراحة.

2- تنبع الآراء من أعضاء المنظمات وتقدم إلى المجالس المختلفة في تلك المنظمات .

ويعني هذا المبدأ أن من حق كل انسان أن يقترح الآراء، وأن يقدّمها، وأن يوضحها، وأن يصوت عليها.

3- ينتخب قادة المنظمات من الأعضاء العاملين في المنظمات من خلال عملية انتخابية مقررة.

ومن انعكاسات هذا المبدأ أنه إذا انتهت مدة ولاية القائد أو المدير فعليه العودة إلى الأعضاء (الشعب)، وأن من حق كل إنسان قادر وراغب ان يتولى الإدارة والسلطة في المنظمة.

4- يجب أن تقيم الوثائق الحاكمة للمنظمات نوعاً من التوازن (Checks and balances) بين سلطات القيادة وسلطات الأعضاء وحقوقهم .

ويعني هذا المبدأ ان لأعضاء مجلس الإدارة والمديرين السلطات التي تخولها لهم الوثائق الرئيسية الحاكمة لعمل المنظمات، ومنها القانون الأساسي والنظام والتعليمات. ومن ثم فإنه يحق للأعضاء ان يلغوا القرارات التي يتخذها القادة ولا تنص عليها الوثائق الرئيسية الحاكمة،وعلى سبيل المثال فإنه ان لم تنص الأنظمة على حق اعضاء مجلس الإدارة في فرض الرسوم، فان للأعضاء الحق في إلغاء أي قرار يتخذه اعضاء مجلس الادارة في هذا الشأن. ومن الأمثلة على ذلك التوازن بين سلطات القادة وبين سلطات الأعضاء وحقوقهم أن من حق الاخيرين أن يعزلوا القادة الفاسدين أو غير الأكفياء من مواقعهم.

5- جميع أعضاء المنظمة متساوون في الحقوق والواجبات أو المسؤوليات .

6- تراعي الموضوعية والعدل في إدارة المنظمات.

7- هناك عدل واحد متساوٍ يقرره القانون: فلأعضاء المنظمات والقادة الحق في محاكمة عادلة اذا وجهت اليهم تهمة ما .

ومن انعكاسات هذا المبدأ أنه يجب ان تتوفر اجراءات مكتوبة لعزل القادة واستبدال آخرين بهم عندما لا يقوم اولئك القادة بواجباتهم.

8- يجب مراعاة مبدأ الاغلبية وفي نفس الوقت لا تغفل حقوق الاقلية والأعضاء الغائبين.

9- ينجز كل شيء بروح الانفتاح وليس السرية.

إن هذا المبدأ يستتبع أن من حق الأعضاء ان يعرفوا ما يجري في المنظمة التي يعملون بها، وأن يرجعوا إلى الوثائق الرئيسية وان يتلقوا تقارير من اللجان والمديرين وأعضاء مجلس الإدارة.

10- إن من حق الأعضاء الاستقالة من مواقعهم او من المنظمة .

إن هذا الحق تضمنه الوثائق الرسمية التي تضم القانون الأساسي للمنظمة والأنظمة والقواعد البرلمانية (أي القواعد التنظيمية) (Rules of Order) والتعليمات والإجراءات النافذة (Administrative Procedures) . ومن ثم فان كل منظمة يجب ان تتبنى وتوفر مرجعاً برلمانياً (Parliamentary Authority) وهو مرجع او وثيقة تتضمن القانون الأساسي والأنظمة والتعليمات والإجراءات وكيفية إدارة الاجتماعات وانتخاب أو تعيين المديرين وتقديم الاقتراحات (Motions) وتبينها. ومن حق جميع الأعضاء ان تكون لديهم نسخة من هذا المرجع.

ومن الواضح أنه عند تطبيق المبادئ السابقة في إدارة المنظمات ذات الصبغة الديموقراطية، فإن ذلك يرسخ روح المشاركة، وهذا يحتم على أعضاء المنظمات والعاملين فيها ان يعملوا بانسجام مع بعضهم بعضاً ، ولتحقيق ذلك فان على كل عضو أن يتعرف جيداً على رسالة المنظمة وأهدافها وقانونها وانظمتها وتعليماتها، وحقوق كل عضو والمتوقع منه.

إن من أكبر التهديدات التي تتعرض لها المنظمات ذات الصبغة الديموقراطية أن ينقلب اعضاؤها ليكونوا أعضاء غير مبالين وأن يتيحوا لفئة قليلة لأن تصرف جميع

الأعمال. ومما يجدر ذكره هنا ان مثل هذا السلوك يخلق الانقسامات ويشجع على نمو الـروح التسـلطية. وثمة خطر آخر يهدد تلك المنظمات ويتمثل في أن تعمل ثلة صـغيرة بسـرية ومـن خلـف السـتار لتحقيـق أهدافها أو اجندتها الخاصة دون تلقي اية مساهمات من الأعضاء الآخرين من خـلال النقـاش أو إجـراءات عملية التحقيق (Investigative Process). وغني عن البيان أن مثل هذا السلوك يورث انعدام الثقة ويشيـع الروح العدائية في المنظمة.

وجملة القول فإنه إن اغفلت المنظمات الحديثة تطبيق المبادئ الديموقراطية سـالفة الـذكر فإن ما يطلق عليه مصطلح الإجراءات البرلمانية (Parliamentary Procedures) يصبح عملية عديمة الجدوى .

الإجراءات البرلمانية   Parliamentary Procedures

تتخذ الإجراءات البرلمانية معنى خاصاً عند الحديث عن إدارة الاجتماعات فهي لا تعنـي في هـذا السياق الإجراءات التي يتبعها برلمان أو مجلس شـعب او مجلس شـورى في تناول قضاياه، بـل يعنـي مجموعة القواعد التي تتبع لتصريف الأعمال بشكل منتظم. بعبارة أخرى فهي القواعد والإجـراءات التـي يقوم بها أعضاء جمعيـة نقاشـية (Deliberative Assembly) لتصريـف الأعمـال والوصـول الى قـرارات باسـم اعضاء المجموعة.

وهناك عدد من الباحثين الذين يستخدمون الإجراءات البرلمانية بالمعنى الـذي حـددناه في إدارة الاجتماعيات كمرادف للقـانون البرلمـاني (Parliamentary law) [1] وفي رأينا أن الإجراءات البرلمانيـة بالمعنـى العام هي تطبيق بنود القانون البرلماني وقواعد تصريف الأعمال في الاجتماعات.

وللإجراءات البرلمانية أو (القواعد التنظيمية) في الاجتماعات مزايا هذه أهمها، فهي:

- تمكّن الأعضاء في الاجتماع من تناول القضايا المطروحة بأسلوب يتسم بالكفـاءة، ويحـافظ علـى الترتيب والانتظام في العمل.

- تؤكد حق جميع أعضاء الاجتماع في النقاش والتصويت.
- تتناول قضية واحدة أو بنداً واحداً وقت النقاش.
- تعزز العدل والموضوعية والروح الاجتماعية المهذبة.
- تؤكد على حقوق الأغلبية وتحمي حقوق الأقلية والأعضاء الغائبين.

هذا ويجب أن تتضمن الوثائق الرئيسية الصادرة عن المنظمة الإجراءات البرلمانية المذكورة ومن هذه الوثائق، وكما سبق وذكر :

- قانون المنظمة الأساسي (إن وجد) .
- الأنظمة المرعية.
- التعليمات والإجراءات الصادرة عن المنظمة.

والواقع أن أهمية الإجراءات البرلمانية (القواعد التنظيمية) في إدارة الاجتماعات تنبع من انها تجسد الديموقراطية بشكل حي، فهي تجعل من الديموقراطية كياناً يمشي على الأرض. وقد اثبتت انها وسائل وطرق تحقق جدواها في إدارة الاجتماعات وتصريف الأعمال في المنظمات.

إن معرفة تلك الإجراءات والقواعد على جانب كبير من الأهمية للعاملين في المنظمات الذين ينفقون نصيباً كبيراً من وقتهم في الاجتماعات ، وبغض النظر عن الموقع الوظيفي الذي يحتلونه. فهي بمثابة قواعد المرور لسائق السيارة الذي يتقن مهارة قيادة السيارة واستخدام الجانب اليمين من الطريق والوقوف والتوقف وفق القواعد المرعية. ان معرفة العاملين للإجراءات يسهم في إدارة الاجتماعات بسهولة ويسر، ويمنع وقوع الاصطدامات بين المتحاورين في الاجتماعات، كما يجعل الاجتماعات أكثر فعالية، ويشجع العاملين على أن يقوموا بدور نشيط في تلك الاجتماعات. (2)

المبادئ الرئيسية التي تقوم عليها الإجراءات البرلمانية (القواعد التنظيمية للاجتماعات) :

تقوم الإجراءات البرلمانية بالمعنى سالف الذكر على مبادئ رئيسية على المتعاملين بإدارة الاجتماعات أن يعوها قبل ان يطبقوا القواعد والإجراءات، وهي في الواقع مبادئ تقوم عليها الديموقراطية. إن الوقوف على تلك المبادئ يسهم في حل المشكلات التي تنشأ في المنظمات، وأهم هذه المبادئ هي:

أولاً: تجنب تناول اكثر من قضية واحدة في المرة الواحدة

ان هذا المبدأ يحافظ على النظام والانتظام في العمل، ويسرّع في انجاز الأعمال، ويسهم في تحقيق أهداف المنظمة.

وفيما يلي **الأساليب** التي تدعم هذا المبدأ :

1- يجب أن يتبع في كل اجتماع ترتيب للقضايا التي ستبحث اتفق على تسميته بجدول الأعمال (Agenda)

2- يعالج اقتراح رئيسي واحد في المرة الواحدة، أي يكون في حالة بحث (Pending)

3- عندما يعالج اقتراح رئيسي (Pending) فإن الأعضاء يستطيعون تقديم اقتراحات تنبع مما يسمى بالاقتراحات الثانوية (Secondary motions) وعندما يؤخذ بالاقتراحات الثانوية فانها تعطى الاولوية على الاقتراح الرئيسي. ومن ثم فان النقاش ينصب على الاقتراح الثانوي حتى تحل القضية او يجري إغفاله مؤقتا. ومن الأمثلة على الاقتراحات الثانوية الاقتراحات بالتعديل او الإحالة الى لجنة وتأجيل الاقتراح الرئيسي.

4- يعطى عضو واحد فقط حق التحدث في المرة الواحدة.

5- يتبع الأعضاء ترتيب الدور عند الحديث.

6- لا يتحدث عضو ما مرتين عن اقتراح ما لم يستنفذ جميع الأعضاء فرصتهم للتحدث.

ثانياً: يجب مراعاة اللطف والتهذيب والعدل، والحياد والمساواة في التعامل، أثناء الاجتماعات:

فيما يلي **الأساليب والطرق** التي تعين على تطبيق **اللطف والتهذيب** أثناء الاجتماعات:

1- يبدأ رئيس الجلسة (The Chair or Presiding Officer) الاجتماع في الوقت المحدد للاجتماع.

2- يأخذ الاعضاء مقاعدهم على وجه السرعة عندما يعلن رئيس الجلسة بدء الاجتماع ويوقفون التحدث مع بعضهم بعضاً.

3- يأخذ مقدمو التقارير مقاعدهم في الصفوف الامامية من قاعة الاجتماع.

4- على الاعضاء ان ينهضوا من مقاعدهم عند التحدث ليراهم رئيس الجلسة، وعليهم الالتزام بالدور عند الحديث.

5- على الأعضاء ان يلتزموا دوماً عند مخاطبة الأعضاء الآخرين بصيغة الضمير الثالث، فيقول العضو المتحدث السيد/ السيدة رئيس الجلسة، وعندما يشير الى عضو متحدث آخر يقول – قال المتحدث السابق. عند ذلك نتجنب اضفاء الطابع الشخصي على النقاش أو قد تسوء الأمور، فيتشاتم الأعضاء.

6- لا يتحدث الأعضاء مع بعضهم بعضاً، اثناء النقاش، عندما يكون هناك متحدث آخر في الاجتماع.

7- يركز الاعضاء حديثهم على القضايا موضوع البحث في الاجتماع ويبتعدون عن الحديث عن الجوانب الشخصية للآخرين ودوافعهم مثلاً.

8- عندما يصوب رئيس الجلسة رأي عضو متحدث، فإنه لا يستخدم اسمه الأول وبدلاً من ذلك فانه يقول: - هل لي ان اطلب من المتحدث ان يركز على القضية موضوع البحث.

9- يتحدث الأعضاء بوضوح وبصوت مسموع للجميع.

10- يصغي الأعضاء عندما يتحدث الآخرون.

وفيما يلي **الأساليب والطرق** التي تعين على مراعاة **العدل والحياد والمساواة** في التعامل:

1- لا يتحيز رئيس الجلسة إلى جانب عضو من الأعضاء ويسمح لجميع الأعضاء بالتحدث بالمساواة أثناء النقاش.

2- على رئيس الجلسة والأعضاء معرفة القواعد التنظيمية لإدارة الاجتماعات وأن يطبقوها بحكمة .

3- يحرص رئيس الجلسة على أن تسمع جميع آراء الأعضاء وأن قواعد النقاش قد روعيت بدقة.

4- من حق الأعضاء ان يقدموا اقتراحاً بالتصويت بالاقتراع اثناء عرض قضية مثيرة للجدل وأن التصويت بالاقتراع يحفظ حق العضو في السرية والخصوصية ويمنع ردود فعل محتملة من الآخرين.

5- إن من حق الأعضاء أن يقدموا للمحاكمة عندما يتهمون بإساءة التصرف.

ثالثاً: قاعدة الأغلبية وحماية الأقلية :

إن من أهم حقوق الأعضاء حقهم في التصويت والتأكيد على أن الأغلبية هي التي تحكم. وفي نفس الوقت فانه ليس من حق الأغلبية إسكات أصوات وسلب الحقوق من الأقلية والأعضاء الغائبين أو أعضاء معينين.

وهذه هي **الأساليب** التي تساعد على تطبيق هذه القاعدة :

1- إن من حق الأعضاء ان يبلّغوا بجميع الاجتماعات، وقد يتم هذا بالبريد العادي أو الهاتف أو الكترونيا أو الاعلان عن اجتماع قادم في اجتماع سابق.

2- ان من حق الأعضاء ان يُشعَروا بإبلاغ مسبق عندما يكون هناك اقتراح لإلغاء أو تعديل شيء تم تبنيه.

3- عندما ينشأ موقف قد يتطلب سحب حقوق من اعضاء معينين فان ثلثي الأعضاء يجب ان يوافقوا على الاقتراح بذلك بدلاً من الأغلبية.

4- ليس من حق أي عضو أن يطلب تصويتاً أعلى درجة من قاعدة الأغلبية ما لم تنص الانظمة أو المرجع البرلماني الصادر عن المنظمة على ذلك بالتحديد، وأن المطلوب ليس رأي الأغلبية.

5- من حق الأعضاء أن يقفوا على كيفية تصريف الأعمال في المنظمة التي يعملون بها.

مقدمة عن هنري م روبرت (Henry Marlyn Robert) وقواعده التنظيمية للاجتماعات (Robert's Rules of Order)

وقبل ان نتحدث عن هنري روبرت وقواعده التنظيمية للاجتماعات يهمنا ان نؤكد هنا على الجوانب التالية التي أشير الى بعضها في الصفحات السابقة:

- ان مصطلح "القانون البرلماني" جاء من البرلمان الانجليزي ويعني "القواعد التي تتبع لتصريف أعمال البرلمان".

- لقد تطورت هذه القواعد خلال عمليات مثيرة، بعضها سلمي وبعضها دموي في تاريخ الديموقراطية في انجلترا. وقد نقل هذه القواعد إلى امريكا المستعمرون الأوائل في جمعياتهم التشريعية في القرن السابع عشر، ومن الطبيعي أن هذه القواعد قد طورت في امريكا، ومن ثم فإن القانون البرلماني العام الذي تشهده الولايات المتحدة الأمريكية الآن هو نتاج هذه التطورات الخارجية والداخلية.

- إن القانون البرلماني يستخدم في الجمعيات النقاشية (Deliberative Assemblies) وهو تعبير استخدمه لأول مرة إدمند بيرك (Edmund Burke) ليشير إلى البرلمان الانجليزي. ويعني ذلك المصطلح مجموعة من الأشخاص يجتمعون ليتخذوا قرارات جماعية، وليتناقشوا ويحددوا مسيرة عمل لهم.

- تستطيع أية جمعية نقاشية، في ظل القانون البرلماني، أن تتبنى أيـة قواعد لوضع إجـراءات معينة، وتستطيع أن تضيف أو تهمل الإجراءات التي وضعتها. ومن هنا فإن القواعد التنظيمية (Rules of Order) تعني مجموعة قواعد برلمانية مكتوبة تتبناها الجمعيـة لتصرـيف أعمالهـا. وقد تكون هذه القواعد مجموعة قواعد قائمة وضعتها الجمعية النقاشية.

- تعني الإجراءات البرلمانية (Parliamentary Procedures) الإجراءات الإدارية التي تطبقها جمعيـة نقاشية يضاف اليها أية قواعد أخرى ترى الجمعية أن تتبناها.

إن أول كتاب وضع في الإجراءات البرلمانية في امريكا كان من تأليف ثوماس جيفرسون (Thomas Jefferson) وكان يطلق عليه اسم **دليل الممارسات البرلمانية** Manual of Parliamentary Practice ونشر عام 1801 ، فقد كان جيفرسون نائباً لرئيس الجمهورية الأمريكي ورئيساً لمجلس الشيوخ. وقد لاحظ جيفرسون أنه ليس لدى مجلس الشيوخ قواعد تنظيمية مقننة للعمل، بل ان القواعـد المرعيـة آنـذاك منحـت رئيس المجلس سلطات واسعة ليضع القواعـد أثنـاء العمـل كـما رأى أن تلـك السلطات قـد يسـاء اسـتخدامها في المستقبل، ومن ثم فإنه طور قواعد برلمانية منبثقة من المراجع والوثائق الانجليزية .

ولقد تبنى مجلس الشيوخ والمجالس التشريعية للولايات والمجموعات الأخرى، ومجلس النـواب دليل جيفرسون سالف الذكر. ومن الجدير بالذكر أن المجلس الأخير قد طور فيما بعد إجراءاته البرلمانية.

اما الكتاب التالي عن الإجراءات البرلمانية فكان الدليل الذي أصدره كشنج باسم **دليل كشنج** Cushing's Manual وكان عبارة عن مجموعة قواعد تتبعها المنظمات التطوعية التي اختلفت حاجاتها عن حاجات المجالس التشريعية. ومن الطبيعي ان اجتماع المنظمات الصغيرة كانت أقصر من اجتماعات المجالس التشريعية، وكان اعضاؤها

متطوعين لا تدفع لهم أجور، وكان عملها أكثر بساطة وأقل حجماً من اجتماعات المجالس التشريعية. ومن هنا ظهرت الحاجة إلى قواعد عمل مختلفة لتلبية حاجات تلك المنظمات.

لقد ذهب **دليل كشنج** إلى أن على كل منظمة أن تتبع اساسيات القانون البرلماني كما وضعت في الدليل، ولكن عليها ان تتبنى قواعد عمل أخرى تراها مناسبة. وفي الواقع انه رغم ان ذلك التوجه كان توجهاً طيباً نظرياً، فإنه لم يكن له تأثير عملي على المنظمات التطوعية. فكثير منها لم يكن لديه الوقت أو الخبرة أو الإرادة لتطوير إجراءات برلمانية أو قواعد تنظيمية.

في ظل هذه الظروف والفوضى في الإجراءات البرلمانية في المنظمات ظهر هنري روبرت في ثلاثينات القرن التاسع عشر، فمن هو هنري روبرت؟

هنري م. روبرت (Henry Marlyn Robert) (1837-1923) **وقواعده التنظيمية** (Robert's Rules of Order) :

كان هنري روبرت ضابطاً في الجيش الأمريكي وقد تخرج من كلية وست بوينت (West Point) العسكرية. وقد طلب اليه ان يترأس اجتماعاً اثناء عمله ولم تكن لديه فكرة واضحة عن كيفية إدارة الاجتماع. وبعد الاجتماع، وبعد الإحباط الذي أصيب به، أقسم روبرت ان يدرس مبادئ القانون البرلماني والإجراءات البرلمانية في ادارة الاجتماعات. وقد اكتشف ان المعلومات المتوفرة عن كيفية ادارة الاجتماعات في المنظمات التطوعية معلومات نزرة قليلة. تنقل روبرت بحكم عمله كضابط في اكثر من موقع في الولايات المتحدة وحضر اجتماعات منظمات عدة ولاحظ أن لكل منظمة قواعدها التنظيمية وإجراءاتها في عقد الاجتماعات. وبالتالي فإنه ليس ثمة قواعد تنظيمية عامة تنظم اجتماعاتها. وقد استنتج روبرت أن المنظمات تستطيع تحقيق أهدافها بفعالية أكبر لو أنها اتبعت قواعد تنظيمية عامة في ادارة الاجتماعات. وقاده البحث عن الموضوع الى الحصول على كتابي كوشنج وجيفرسون سالفي الذكر. كما حصل على كتاب باركلي (Barclay) وعنوانه **ملخص القواعد والممارسات في مجلس النواب** Digest of Rules and Practices of the House .

وعندما أدرك روبرت أن هذه المؤلفات الثلاثة لا تتفق على القواعد الأساسية للقانون البرلماني فقد بدأ يضع قواعده التنظيمية التي توقع ان تكون قواعد مختصرة.

وفي عام 1874 قضى روبرت شهوراً في إعداد كتابه عن القواعد التنظيمية لإدارة الاجتماعات. وقد رأى أن يقوم الكتاب على القواعد التي تنظم العمل في الكونغرس الأمريكي، وأن تكون القواعد عامة بحيث تطبقها أية جمعية أو منظمة، كما رأى ان تعطى كل جمعية او منظمة الحرية لوضع قواعد خاصة بها تلبي حاجاتها.

عندما أنهى روبرت مخطوطة الكتاب لم يجد ناشراً متحمساً لنشره، ومن ثم طبعه بنفسه واصدر (4) الاف نسخة. وكان عنوانه **دليل الجيب في القواعد التنظيمية للجمعيات النقاشية** Pocket Manual of Rules of Order for Deliberative Assemblies . وكانت صفحاته (176) صفحة وعندما قامت شركة في شيكاغو وهي S.C Griggs Company of Chicago بنشر الكتاب أطلقت عليه اسم **قواعد روبرت التنظيمية** (Robert's Rules of Order) ، وقد نفذت طبعته الأولى التي كان عدد نسخها 3 آلاف نسخة. ونتيجة للنجاح الذي أصابه المؤلف تتالت الطبعات في السنوات التالية على النحو التالي:

- الطبعة الثانية في تموز (يوليه) 1876

- الطبعة الثالثة في عام 1893

- الطبعة الرابعة في عام 1915

- الطبعة الخامسة في عام 1943

- الطبعة السادسة في عام 1951

- الطبعة السابعة في عام 1970

- الطبعة الثامنة في عام 1981

- الطبعة التاسعة في عام 2000

وقد ألف الطبعة العاشرة كل من هنري ام روبرت الثالث (Henry M. Robert III) ووليم جي ايفانز (William J. Evans) ودانيال اتش هونمان (Daniel H. Honeman) وثوماس بالش (Thomas J. Balch) وصدر في (702) صفحة وترجمه مركز دراسات الوحدة العربية إلى اللغة العربية في تشرين الثاني/ نوفمبر عام 2005 ، وهو في (608) صفحة من القطع الكبير.

والآن وبعد هذه المقدمة عن تاريخ هنري روبرت وعن كتابه في القواعد التنظيمية للاجتماعات الذي صدر في اكثر من طبعة كان آخرها الطبعة العاشرة فإننا نورد الملاحظات التالية:

- ان كتاب روبرت عن القواعد التنظيمية للاجتماعات ليس المصدر الوحيد عن الموضوع، بل هناك عدة كتب أساسية أخرى، ولكن كتاب روبرت هو أشهرها وأكثرها انتشاراً وتأثيراً في العالم.

- إن الكتاب جرت عليه تنقيحات أساسية عدة منذ أن صدر في أول طبعة له عام 1876، وطبعته العاشرة هي أحدث طبعة، وهي التي نعتمد عليها في عرض القواعد التنظيمية للاجتماعات في كتابنا هذا .

- يتناول هنري روبرت موضوع ادارة الاجتماعات من زوايا عدة، ولا يفيد في الإلمام بتفاصيلها الا الرجوع الى الكتاب في طبعته الانجليزية العاشرة او طبعته العربية الأولى، وهذه هي رؤوس الموضوعات التي يعالجها الكتاب. [3]

- **الجمعية النقاشية: انواعها وقواعدها**

The Deliberative Assembly : Its Types & Rules

- **إدارة الأعمال في الجمعية النقاشية**

The Conduct of Business In A Deliberative Assembly

- **وصف الاقتراحات في جميع التصنيفات**

Descriptions of Motions in All Classifications

- الاجتماع والجلسة   Meeting and Session

- الاقتراح الرئيسي   The Main Motions

- الاقتراحات الفرعية   Subsidiary Motions

- الاقتراحات المميزة   Privileged Motions

- الاقتراحات العرضية   Incidental Motions

- الاقتراحات التي تعيد طرح مسألة على الجمعية

  Motions That Bring A Question Again Before The Assembly

- تجديد الاقتراحات المعوّقة وغير الملائمة

  Renewal of Motions: Dilatory & Improper Motions

- النصاب، ترتيب الأعمال ذات العلاقة

  Quorum; Order of Business & Related Concepts

- إتاحة التحدث وفتح باب النقاش

  Assignment of the Floor ; Debate

- التصويت   Voting

- الترشيحات والانتخابات   Nominations and Elections

- المسؤولون ومحاضر الاجتماعات وتقارير المسؤولين

  Officers, Minutes and Offices Reports

- المجالس واللجان   Boards and Committees

- الاجتماعات العامة: منظمات الجمعية الدائمة

  Mass meetings; Organization of Permanent Society

- الانظمة الداخلية   Bylaws

- **المؤتمرات** **Conventions**

- **الإجراءات التأديبية** **Disciplinary Procedures**

يتضح من هذه الموضوعات مقدار الجهد الذي بذله هنري روبرت في وضع قواعده لادارة الاجتماعات، وهي القواعد التي كان لها تأثير كبير في حسن إدارة الاجتماعات بانواعها المختلفة وجعلها اجتماعات منظمة فعالة ليس فقط في بلد المؤلف الأصلي وهو الولايات المتحدة الأمريكية، بل أيضاً في العالم بقاراته المختلفة، ومنه عالمنا العربي.

يقول كليرانس كانون (Clarence Cannon) ، احد البرلمانيين المشهورين، واصفاً عمل هنري روبرت بأنه "نظام إجرائي تم تطويره لتلبية احتياجات الجمعيات النقاشية بشكل عام والذي تم تفسيره بتفاصيل دقيقة من قبل مختلف الكتّاب، وقد أصبح الكتاب الآن قياسياً وتعززت مكانته كمصدر موثوق". [4]

لا شك في أن هنري روبرت استهدى في سفره العظيم الكبير بالمبادئ التي سبق عرضها والتي تنظم الاجتماعات البرلمانية والإجراءات البرلمانية والاجتماعات لكن المبادئ الأساسية التي قامت عليها قواعده هي:

- لابد من ان يدير إنسان ما أي اجتماع يحضره عدد من الأعضاء، وبالتالي يوجه النقاش ويحافظ على النظام والانتظام في العمل.

- إن من حق جميع أعضاء الاجتماع ان يطرحوا آراءهم، وان يناقشوها، والوصول إلى نتائج بشأنها.

- إن على أعضاء الاجتماع ان يصلوا إلى اتفاق حول ما يبحثونه ويناقشونه.

- على الأعضاء إدراك الحقيقة التالية: وهي أن الغالبية تحكم، وفي نفس الوقت فإن حقوق الأقلية حقوق تراعى ومن حق الأقلية ان تناقش وان تصوِّت.

- إن القواعد التنظيمية لإدارة الاجتماعات لهـنري روبـرت تجعـل الاجتماعـات اجتماعـات فعّالـة منتجة، وتساعد في تحقيق أهدافها، وتلبي حاجات جميع الأعضـاء إذا تـم اسـتخدامها بحكمـة ومرونة.

هذا بالإضافة إلى أن اتباع هذه القواعد يعـزز الـروح الديموقراطيـة في الاجتماعـات والتجمعـات بمختلف مستوياتها.

الفصل الثاني

الاجتماعات: تحديد مفهومها وأنواعها

Meetings : Definition of Meaning and Types

الأهداف الأدائية (Performance Objectives) :

يتوقع ان يحقق الدارس الأهداف الأدائية التالية، بعد ان يقرأ هذا الفصل :

1- أن يحدد، بكلماته الخاصة، مفهوم الاجتماع بالمعنى المحدد وبالمعنى الواسع.

2- أن يحدد معنى الاجتماع الرسمي والاجتماع غير الرسمي، كما وضعه هنري روبرت.

3- أن يعدد **خمساً** من أنواع الاجتماعات الرسمية، كما حددها هنري روبرت.

4- أن يعدد اربعاً من أنواع الاجتماعات كما تعقد في المنظمات المعاصرة.

5- ان يحدد معنى الاجتماعات المتزامنة وقتاً والاجتماعات غير المتزامنة وقتاً ومكاناً كأنواع من الاجتماعات الالكترونية.

6- أن يعدد **ميزتين** من مزايا الاجتماعات الالكترونية **واربعاً** من محاذيرها.

7- أن يحدد، بكلماته الخاصة، معنى الاجتماعات الدورية وغير الدورية.

8- أن يعدد اربعاً من أنواع الاجتماعات التي تعقد حسب معيار مستوى التحليل.

الفصل الثاني

الاجتماعات: تحديد مفهومها وأنواعها

Meetings: Definition of Meaning and Types

سنعالج في هذا الجزء الموضوعين التاليين:

تحديد مفهوم الاجتماع

أنواع الاجتماعات

وسنبحث الآن الموضوعين ببعض التفصيل:

أولاً: تحديد مفهوم الاجتماع:

ثمة مفهومان للاجتماع: مفهوم رسمي محدود ومفهوم واسع متعدد الأبعاد.

أما **المفهوم الأول** فهو المفهوم الذي حدده روبرت في كتابه **قواعد روبرت التنظيمية**. يذهب روبرت على أن الاجتماع هو تجمع رسمي لأعضاء منظمة ما في غرفة فيه نصاب (Quorum) لإنجاز أعمال . ويستتبع هذا المفهوم أن لا يغادر الأعضاء غرفة الاجتماع إلا لمدة قصيرة إلى أن تنجز الأعمال أو يعلن رئيس الاجتماع أنه تقرر إنهاء الاجتماع أو تأجيله.

وللاجتماع بهذا المفهوم وبغض النظر عن عدد الحضور أو الهدف من الاجتماع، عناصر رئيسية، هذه أهمها[5]:

- توفر النصاب.

- تولي شخص إدارة الاجتماع.

- تولي شخص مهمة إعداد المحضر.

- إدارة الاجتماع وفق قواعد تحدد من يحضر الاجتماع ومن يشارك في المناقشة

- إشعار الأعضاء بتاريخ الاجتماع ووقته وغرض عقده والمصطلح الـوارد في الأدب البرلمـاني هـو الدعوة إلى الاجتماع (The call to the meeting) .

أما **الاجتماع بالمفهوم الواسع متعدد الأبعاد** فهو لقاء ثلاثة أشخاص أو أكثر وجهاً لوجه لتحقيق هدف معين أو أهداف معينة، وفي الغالب ما ينتمي هؤلاء الأشخاص إلى منظمة رسمية أو غير رسمية. ويتطلب الاجتماع لكي يحقق أهدافه إلى تحضير وتخطيط مسبقين. كما يأخذ الاجتماع شكلاً رسمياً أو غير رسمي، فقد يكون اجتماعاً مجدولاً لأعضاء هيئة تدريس في مدرسة أو كلية أو جامعة او اجتماعاً لمجلس الإدارة أو لهيئة المديرين في الشركة، وقد يكون لقاءً تدريبياً لمدة يوم في فندق مـريح، أو اجتماعاً للإعلان عن منتج جديد، أو مؤتمراً لجمعية مهنية، او اجتماعاً لشرح مزايا إضافية لموظفين في مؤسسة. [6]

ويرمي هذا المفهوم للاجتماع الى تحقيق الفاعلية (Effectiveness) المتمثلة في تـوفر معـايير مثـل الخروج بنتاج او نتيجة معينين أي تحقيق أهداف الاجتماع **أولاً** وعقده في وقت محدد غير طويل ثانياً، وتحقيق رضا نفسي لأعضاء الاجتماع عـن العمليـات التـي أدت الى هـذا النتـاج وتلـك النتيجـة وانجازه في الوقت المحدد **ثالثاً** .

ومن الجدير بالذكر ان هناك تداخلاً في المفهومين فلا بـد مـن وجـود أشخاص يلتقـون لتحقيـق هدف أو اهداف معينة، ولا بد أن يكون هناك قواعد عمل تحكم المجتمعين ويزيد عليـه المفهـوم الثاني بأنه لا بد من وجود تخطيط واستعداد مسبقين وأن الاجتماع يرمي إلى تحقيق الفاعلية المتمثلة في تحقيق هدف الاجتماع وإشعار المجتمعين بالرضا النفسي عما يتم في الاجتماع.

وستكون لنا عودة مفصلة إلى هذا الموضوع في كتاب مسـتقل نصـدره بمشيئة الله وتوفيقه عـن **إدارة الاجتماعات: الجوانب السلوكية.**

أما في هـذا الكتـاب، وفي هـذا الفصـل بالـذات، فسـيكون تركيزنـا بشـكل رئيسي على الاجتماع بالمفهوم الأول الرسمي، كما تحدث عنه هنري روبرت في كتابه سالف الذكر.

أنواع الاجتماعات:

يعتمد تقسيم الاجتماعـات إلى انـواع عـلى **المعيـار** الـذي نتبنـاه للتقسـيم، ونسـتطيع القـول ان الاجتماعات تنقسم الى المجموعات التالية وهي:

أولاً: المجموعة التي تضم الاجتماعات التي عرضها هنري روبرت في كتابه المشهور:

يقسم روبرت الاجتماع الى قسمين هما: **الاجتماعات الرسـمية والاجتماعـات غـير الرسـمية**. أمـا الاجتماعات الرسمية فهي اجتماعات تضم جميع الأعضـاء أصـحاب العلاقـة ليسـتمعوا الى تقـارير يقـدمها المسـؤولون، ومجـالس الإدارة واللجـان المختلفـة ويكـون هـدفها طـرح القضـايا ذات العلاقـة ومناقشـتها والتصويت عليها واتخاذ قرار بشأنها. أما الاجتماعات غير الرسمية فهـي اجتماعـات تلتقـي فيهـا مجموعـة مختارة من المؤسسة إما في لجان أو فرق تعمل على معاونة المؤسسة على تحقيق أهدافها.

إن الفارق الرئيسي بين الاجتماعات الرسمية والاجتماعات غـير الرسـمية، كـما عـرض ذلـك هـنري روبرت لذلك، هو دور الرئيس في الاجتماع. ففي الاجتماعـات الرسـمية يتبـع الأعضـاء الإجـراءات البرلمانيـة بدقة، مما يعني أن رئيس الاجتماع يترأس الاجتماع ويتلو اقتراحاً قـدم للاجـتماع وعنـد أخـذ الأصـوات، ولا يشارك رئيس الاجتماع في المناقشات إلا اذا غادر كرسي الرئيس. كذلك فإن على الأعضـاء أن يقفـوا ليتعـرف عليهم أعضاء الاجتماع، عندما يطلبون الكلمة للحديث وتقديم اقتراح معين ومناقشته، وتكون مدة النقاس عشر دقائق لكل عضو في المرة التي يتحدث فيها ما لم تكن هناك قاعدة تنص على غير ذلك، كما يمكن لكل عضو أن يتحدث مرتين.

أمـا في **الاجتماعـات غـير الرسـمية** فيكـون الـرئيس جالسـاً ويشـارك مشـاركة فعالـة في طـرح الاقتراحات ومناقشـتها، كـما يصـوت عـلى جميـع القضـايا المبحوثـة ولا توجـد هنـاك قيـود عـلى النقـاش، ويستطيع الأعضاء بحث أية قضية دون تقديم اقتراحات رسمية.

وتنقسم الاجتماعات الرسمية الى الأنواع التالية:

1- الاجتماع السنوي Annual meeting

ويعني الاجتماع السنوي أمرين:

* الاجتماع السنوي الوحيد لجمعية أو هيئة معينة.

* الاجتماع المنتظم في فترات محددة تحددها الأنظمة أو التعليمات لجمعية أو مؤسسة ما.

2- الاجتماع المنتظم Regular meeting

هو اجتماع يعقد بانتظام لجمعية أو هيئة أو مؤسسة إما أسبوعياً أو شهرياً أو كل أربعة أشهر أو اية وقت تحدده الأنظمة والتعليمات.

3- الاجتماع المؤجل Adjourned meeting

وهو الاجتماع الذي يكون استمراراً لاجتماع سابق، فعندما لا تستطيع جميعة أو هيئة إنهاء مناقشة القضايا في اجتماع منتظم أو خاص خلال الفترة المخصصة للاجتماع فإنها قد ترى عقد اجتماع آخر في وقت يسبق الاجتماع المنتظم القادم.

4- الاجتماع التنفيذي Executive session

وهو اجتماع للجمعية أو الهيئة يقتصر على الأعضاء المختصين فقط ويكون اجتماعاً مغلقاً.

5- الاجتماع الخاص Special meeting

وهو الاجتماع الذي يعقد خارج الوقت المحدد المنتظم ويجب أن تنص الأنظمة والتعليمات على عقد مثل هذه الاجتماعات.

6- الجلسات Sessions

وهي سلسلة اجتماعات متصلة تعقدها مجموعـة مـن الأشخاص وتبحـث موضوعـاً أو برنامجـاً واحداً موحداً.

7- المؤتمرات Conventions

وقد قدم روبرت تعريفاً للمؤتمرات وحددها بأنها لقاءات لمندوبيـن عـن الوحـدات التنظيميـة في مؤسسة ما، وقد تكون المؤسسة في أكثر من ولاية أو مقاطعة، ويكون المندوبون في المؤتمر ممثلين للوحدات التنظيمية في المؤسسة، ويعطي روبرت أسماء أخرى للمؤتمرات مثل الكونغرس والجمعية العامـة ومجلـس النواب.

8- الاجتماعات العامة Mass meetings

وهو اجتماع لمجموعة غير منظمة في مكان يحضره أشخاص ذوو حاجات واهتمامـات مشـتركة لغرض تشكيل مؤسسة أو جمعية أو حل مشكلة من مشاكل المجتمع المحلي.

أما الاجتماعات غير الرسمية: فهـي اجتماعـات لمجموعـات مـن الأعضاء يعملـون في مؤسسـة أو جمعيـة وتحددها القواعد التي وضعها هنري روبرت.

ومن الأمثلة عليها اجتماع أعضاء من مجلس الإدارة أو لجان أقل من (12) عضواً.

ثانياً: الاجتماعات ذات الأغراض المحددة في المجتمعات والمنظمات المعاصرة[7]:

وتنقسم إلى الأنواع التالية:

1- الاجتماعات التي يتم فيها تقديم معلومات: (Informative meetings)

الهدف الرئيسي من هذه الاجتماعات هو التثقيف والتعليم والتعلم ، ومن الأمثلة عليها:

● المؤتمرات التي تقدم فيها منتجات جديدة أو مفاهيم ونظريات جديدة.

● مؤتمرات أو لقاءات التدريب والتنمية Training and Development

2- اجتماعات بناء الفريق (Team-building meetings)

الهدف الرئيسي لهذه الاجتماعات هو بناء أو إعادة بناء مجموعـات وفـرق عمـل، ورفـع الـروح المعنوية وإثارة الحماس والتطوير لدى مجموعات ومن الأمثلة عليها:

- اجتماع أعضاء هيئة تدريسية في كلية أو جامعة.

- الاجتماعات التي تتم عقب عملية دمج مؤسسات أو تقليص حجم العاملين.

- الاجتماعات التي تتم عقب استقالة مدير عام أو شخصية مهمة فيها.

- الاجتماعات التي تعقد لتقدير انجازات معينة لفرد أو مجموعة من الأفراد.

3- اجتماعات المفاوضات: (Negotiation meetings)

يكون الهدف الرئيسي فيها الوصول إلى نتيجة مرضية للفريقين المتفاوضـين، ومـن الأمثلـة عليهـا الاجتماعات التي يعقدها:

- اتحادات العمال

- ممثلو شركتين أو دولتين

- ممثلو مؤسسة للحصول على عمال من بلد أو مؤسسة في الداخل والخارج.

4- اجتماعات جدولة المشروعات وإدارتها

(Projects Scheduling and Management meetings)

والهدف الرئيسي منها إدارة مشروع ما لينجز في الوقت المحـدد وبالكلفـة المحـددة. ومـن الأمثلـة عليها:

- مشروع تطوير منتج معين.

- مشروع تطوير برنامج حاسوبي معين.

- مشروع تنمية مهارات العاملين في مؤسسة ما.

- مشروع دراسة انسياب العمل وتحليله.

- مشروع حوسبة مؤسسة أو تطوير نظام المعلومات بها.

5- اجتماعات حل المشكلات (Problem – solving meetings)

الهدف الرئيسي من هذه الاجتماعات هو حل مشكلة ما، ومن الأمثلة على ذلك:

- مشكلة تزايد شكاوى العملاء من منتج ما.

- مشكلة أخلاقية.

- حملة تسويقية فاشلة.

- العجز في الموازنة.

- تدهور سمعة المؤسسة.

وقد تبحث هذه الاجتماعات جزءاً أو جميع خطوات حل المشكلة مثل تحديد المشكلة، وتحليلها، ووضع البدائل واختيار البديل المناسب والمتابعة.

6- الاجتماعات الكترونية (Electronic Meetings, E-Meetings) [8]

لقـد فرضـت الثـورة التكنولوجيـة وتكنولوجيـا المعلومـات نفسـها عـلى الإدارة، ومنهـا إدارة الاجتماعات . ومن ثم فقد شاع في السنوات الأخيرة استخدام الاجتماعات الالكترونية التي تدار فيها وقائع الاجتماع بالأساليب التكنولوجية الحديثة . ومـن العوامـل التـي جعلـت الاجتماعـات الالكترونيـة شـائعة الاستعمال ما يلي:

- **الرغبة في توفير الوقت:** فقد تستخدم الوسائل التكنولوجية الحديثة كالفاكس والبريد الالكتروني قبل بدء اجتماعات رسمية وبعد انتهائها يحضرها عـدد مـن الأفـراد ومـن ثـم يتبـادلون الآراء الكترونياً قبل بـدء الاجتماعات التـي يكون فيها اللقـاء وجهاً لوجـه أو قـد يصوبون محـاضر الاجتماع بعد انتهائها.

- **الحرص على توفير الكلفة:** بمنظور توفير الكلفة في الاجتماعات التي يتم فيها تبادل الآراء حول القضايا بين أشخاص في بلد مترامي الأطراف او أشخاص في مختلف الأقطار.

وللاجتماعات الالكترونية شكلان :

أ- الاجتماعات المتزامنة وقتاً Synchronous meetings

وهي اجتماعات يتم فيها اللقاء الكترونياً بين أشخاص في مدن، أو مناطق مختلفة في نفس الوقت كأن يكونوا في عمان واربد والعقبة في الأردن مثلاً أو في القاهرة وعمان ودبي وواشنطون.

ب- الاجتماعات غير المتزامنة وقتاً ومكاناً Asynchronous meetings

وهي لقاءات او اتصالات تتم بين أشخاص في أوقات مختلفة وأماكن مختلفة ومن الوسائل التي تستخدم في الاجتماعات الالكترونية بشكليها:

- الفاكس
- البريد الالكتروني Email
- القوائم الالكترونية Email lists
- المؤتمرات عن بعد Telephone Conferencing
- المؤتمرات باستخدام الفيديو Video Conferencing
- قاعات المحادثة Chat rooms

والآن نبدي **الملاحظات التالية** على الاجتماعات الالكترونية :

- يجب ان تكون هناك تغطية قانونية للاجتماعات الالكترونية فيجب أن تنص الانظمة والتعليمات على استخدام الاجتماعات بشكليها سالفي الذكر والقواعد التي تحكم العمل فيها.

- إن الاجتماعات الالكترونية قد تثير بعض المشكلات ومنها:

- إن الاجتماعات التي تتم عبر البريد الالكتروني أو غرف التحدث قد لا تسمح بالمشاركة الديموقراطية الكاملة، فبعض أعضاء الاجتماعات قد لا يتمكنوا من المشاركة والادلاء بآرائهم.

- إن بعض الأشخاص قد يقدمون على اتخاذ قرارات سريعة كتقديم الاستقالة مستخدمين البريد الالكتروني مثلاً ثم يضطرون الى سحب الاستقالة.

- إن الرسائل الالكترونية قد ترسل إلى اشخاص لا علاقة لهم بموضوع الاجتماع، كأن ترسل رسائل الى اعضاء غير اعضاء مجلس الإدارة مثلاً.

- إن البريد الالكتروني قد لا يفيد كثيراً في اتخاذ القرارات، فبعض الرسائل الالكترونية التي تصل إلى الاعضاء قد تقرأ بسرعة وبعضها لا تقرأ بسرعة ثم إن بعض الرسائل الالكترونية قد ترسل الى اشخاص لا علاقة لهم بموضوع الاجتماع، وبعضها لا يصل مطلقاً. ومن المشكلات التي تتصل بالرسائل الالكترونية أن بعض الاعضاء يردون على ملاحظات احد الأعضاء في وقت ما دون الانتظار للرد على جميع الرسائل في وقت واحد. يضاف إلى ذلك كله أنه قد يقوم عضو أو أكثر بالإجابة على رسالة، واذا ما كانت هناك ردود متعارضة في نفس الوقت، فإنه من الصعب ان يحدد متلقي الرد موقفه من رد يعارض رداً آخر.

- الواقع أنه بالنسبة للسرعة التي يتم فيها الرد على الرسائل الالكترونية وكذلك بالنسبة للكم الهائل من الوسائل الالكترونية التي تصل الاعضاء فانه من الصعب تحديد ماذا كان رد عضو معين، أو ماذا قال فلان بالنسبة لموضوع ما، وما القرار الذي اتخذ، ومن ثم فإنه ما اعتبر توفيراً للوقت فانه انقلب إلى اضاعة له.

وخلاصة القول اننا لا نتفق مع من يذهب إلى الرأي بأن الاجتماعات الالكترونية ستخلف الاجتماعات التي يكون فيها اللقاء وجهاً لوجه. إن الاجتماعات الالكترونية قد تمد المنظمات الحديثة والمعاصرة بوسائل تساعد على تسريع تقديم المعلومات والآراء، لكن لها قيوداً واضحة تتمثل في أنها قد لا تتيح فرصة المشاركة الواسعة للأعضاء المنخرطين في الاجتماع مما يعمل ضد الديموقراطية التي هي ما تنشده تلك المؤسسات.

إن الاجتماعات التي تتم في غرفة واحدة وتتبع فيها الأصول التي نصت عليها قواعد روبرت التنظيمية هي اجتماعات تعزز الديموقراطية، فأعضاء الاجتماعات يقدمون الاقتراحات ويتبادلون وجهات النظر ويقفون على ما هناك من توافق أو تعارض في الأداء، ويصوتون ويعرفون نتيجة كل هذه العمليات وما اتخذ من قرارات وهذه هي من أساسيات الديموقراطية في الاجتماعات.

إن الرسائل الالكترونية وسيلة معينة للمؤسسات التي يكون اعضاؤها منتشرين في طول البلاد وعرضها أو في أقطار مختلفة، ولكنها ليست وسيلة ناجعة لاتخاذ القرارات إذا ما استطاع اعضاء الاجتماعات اللقاء وجهاً لوجه.

إن الوسائل الالكترونية وغيرها من الوسائل الالكترونية كالفاكس وغرف التحدث هي وسائل مفيدة في إنجاز الأعمال وبالتالي عقد الاجتماعات، ولكنها ليست بديلاً عنها، فأحسن ما أودع الله في عباده قدرتهم على التواصل وتبادل الآراء والعواطف والأحاسيس والمشاريع وجهاً لوجه، آخذين بعين الاعتبار أنه قد لا تكون الوسائل الألكترونية الحديثة كالكومبيوتر والوصول إلى الانترنت في متناول الجميع، لا سيما في الدول النامية، ومنها الدول العربية الفقيرة.

ثالثاً: مجموعة الاجتماعات حسب معيار الزمن [9]

وتنقسم هذه الاجتماعات إلى نوعين:

1- الاجتماعات الدورية:

وهي اجتماعـات تعقـد بصفة دوريـة وفي مواعيـد محـددة. كمـا أنهـا اجتماعـات تـنص عليهـا التعليمات والأنظمة في المؤسسات العامة والخاصة، ومن أمثلة هذه الاجتماعات اجتماعـات الهيئـة العامـة للشركات المساهمة، واجتماعات مجلس إدارة المؤسسة، واجتماعات مجلس الأمـة، واجتماعـات مجلـس العمداء في الجامعات التي تتخذ رئاسة الجامعة قراراً بعقدها بشكل دوري في ساعة محـددة ويـوم محـدد (مثال: الساعة الثامنة من صباح كل اثنين).

2- اجتماعات غير دورية:

وهــي اجتماعــات تعقــد في أي وقـت كلـمـا دعـت الحاجــة اليهـا، وهــي اجتماعــات غير منتظمة تعقد لبحث قضية أو مشكلة طارئة، او لاتخاذ قرار لا يحتمل الانتظار أو التأجيل.

رابعاً: مجموعة الاجتماعات حسب معيار مستوى التحليل (Level of analysis)

وتنقسم إلى أربعة انواع :

1- اجتماعات تعقد على المستوى الدولي: من أمثلة ذلك اجتماعات الجمعية العامة للأمـم المتحـدة واجتماع المنظمات الدولية كمنظمة اليونسكو.

2- اجتماعات تعقد على المستوى الإقليمي: ومن أمثلتها اجتماعات مجلس جامعة الـدول العربيـة أو المجلس التنفيذي للمنظمات الاقليمية أو العمل العربي المشـترك كالمنظمـة العربيـة للتنميـة الإدارية او المنظمة العربية الزراعية.

3- اجتماعات تعقد على **مستوى الدولة**: ومن أمثلتها مجلس الأعيان أو النواب او مجالس الشورى في بعض الدول العربية ومجلس الوزراء أو اللجان الوزارية الدائمة.

4- اجتماعات تعقد على **مستوى المؤسسات**: ومن أمثلتها اجتماع مجلس إدارة مؤسسة عامة أو خاصة او اجتماعات مجالس الأمناء والجامعة والعمداء، واجتماعات اللجان الدائمة المؤقتة في تلك المؤسسات.

الفصل الثالث

عملية معالجة الاقتراحات في الاجتماعات

The Motion Making Process In Meetings

الأهداف الأدائية (Performance Objectives) :

يتوقع ان يحقق الدارس الأهداف الأدائية التالية، بعد ان يقرأ هذا الفصل :

1- أن يعدد الخطوات الرئيسية التي تتكون منها عملية معالجة الاقتراحات في الاجتماعات.

2- أن يحدد معنى الاقتراحات الرئيسية الأصلية والاقتراحات الرئيسية العرضية.

3- أن يحدد معنى الاقتراحات المميزة والفرعية والعرضية.

4- أن يحدد، بكلماته الخاصة، معنى التثنية على الاقتراح وان يعطي مثلاً على ذلك.

5- أن يعدد **أربعاً** من الاقتراحات التي لا تحتاج الى تثنية .

6- أن يحدد، بكلماته الخاصة، معنى قيام رئيس الجلسة بعرض موضوع للنقاش.

7- أن يوضح، بكلماته الخاصة، معنى "ملكية الاقتراح" .

8- أن يعدد **عشراً** من قواعد النقاش التي وضعها هنري روبرت.

9- أن يحدد بكلماته الخاصة معنى "القيود على النقاش".

10- أن يعدد **أربعاً** من الاقتراحات التي تحتاج إلى نقاش **وأربعاً** من الاقتراحات التي لا تحتاج الى نقاش.

11- أن يوضح، بكلماته الخاصة، معنى "سلم الاقتراحات حسب ترتيبها"

12- أن يحدد **أربعاً** من قواعد الكلام في مجلس النواب الأردني حسب نظامه الداخلي.

13- أن يحدد معنى "نقطة نظام" و"طلب اقفال باب النقاش"، كما جاء في النظام الداخلي لمجلس النواب.

14- أن يحدد المبادئ التي تؤخذ بعين الاعتبار عند أخذ الأصوات.

15- أن يعدد الإجراءات التي على رئيس الجلسة في الاجتماع ان يتبعها عند اخذ اصوات المجتمعين.

16- أن يعدد الأسس التي تقرر بموجبها نتيجة التصويت.

17- أن يعدد **خمساً** من أساليب التصويت في الاجتماع.

18- أن يعدد أساليب التصويت في مجلس النواب الأردني، كما حددها النظام الداخلي للمجلس.

19- أن يعدد عناصر الإعلان الكامل لنتائج التصويت في الاجتماع.

الفصل الثالث

عملية معالجة الاقتراحات في الاجتماعات

The Motion Making Process in Meetings

معالجـة الاقتراحـات في الاجتماعـات عمليـة أساسـية فيهـا ولا نغـالي إذا قلنـا إنهـا **جوهر إدارة الاجتماعات بكفاءة وفعالية**. فالاقتراحات التي تقدم وتناقش ثم تقر في الاجتماعات وفق الأسس والقواعـد المتواضع عليها ما هي إلا أدوات تمكن المؤسسات من تحقيق أهدافها بكفاءة وسهولة ويسر، وهي وسـائل لمناقشة القضايا التي تعرض في الاجتماعات، واتخاذ قرارات بشأنها . ونستطيع القول كـذلك إن الاقتراحـات التي تعرض في الاجتماعات هي ما يبغي مقدموها أن تقوم به المنظمة التي يعملون فيها، فالاقتراحات هي خطة عمل، وهي ما يبدأ أعضاء الاجتماع العمل به.

وتتألف عملية معالجة الاقتراحات في الاجتماعات من الخطوات **الست الرئيسية** التالية [10] :

أولاً: خطوة تقديم الاقتراح من عضو من أعضاء الاجتماع:

- يقف عضو من أعضاء الاجتماع ونعطيه هنا اسم (أحمد) ويقول:

– السيد الرئيس (رئيس الجلسة)

– يذكر الرئيس اسم أحمد، ويعطيه الإشارة بالحديث.

– يقف أحمد ويقول:

– السيد الرئيس إنني اقترح أن تجدد الدائرة أجهزة الكومبيوتر ابتداء من أول العام القـادم بكلفـة قدرها نصف مليون دينار.

- يجب أن يتضمن الاقتراح معلومات أساسية تجيب عن الأسئلة التالية من وماذا وأين ومتى
- يجب أن يصاغ الاقتراح بصيغة ايجابية وليست سلبية.
- يفضل أن يكون الاقتراح مكتوباً وتقدم نسخة منه إلى رئيس الجلسة.

ونظراً لأهمية الاقتراحات في الاجتماعات فسنخصها هنا ببعض التفصيل، كما عرضها هنري روبرت في كتابه الشهير.

تنقسم الاقتراحات إلى الأنواع التالية:

أ- الاقتراحات الرئيسية (Main Motions) :

وهي الاقتراحات التي تطرح قضية أمام المجتمعين، وهي نقطة البداية لكي يتخذ المجتمعون قراراً بشأن هذه القضية المطروحة.

وتنقسم الاقتراحات الرئيسية إلى نوعين هما:

1- الاقتراحات الرئيسية الأصلية (Original Main Motions) :

وهي الاقتراحات التي تعرض على المجتمعين قضية جديدة، وأحياناً في شكل قرار، ويفضل ان يخرجها المجتمعون الى حيز الوجود.

ب- الاقتراحات الرئيسية العرضية (Incidental Main Motions) :

وهي اقتراحات رئيسية ذات علاقة عارضة غير قوية بعمل المجتمعين، وقد يكون لها توجه إلى الماضي أو آخر إلى المستقبل.

2- الاقتراحات الثانوية (Secondary Motions) :

وهي اقتراحات تقدم عندما يكون الاقتراح الرئيسي معلقاً (Pending) ولم يبت فيه بعد.

وتقسم الاقتراحات الثانوية إلى الأنواع التالية :

أ- **الاقتراحات المميزة**   (Privileged Motions) :

وهي اقتراحات لا علاقة لها بالاقتراح الرئيسي أو العمل المعلق الـذي لم يبـت فيه بعد، ولكنها اقتراحات ذات علاقة مباشرة بالأعضاء أو المؤسسة، وهي اقتراحات ذات طبيعـة عاجلـة (Urgency) بحيـث يستطيع مقدموها أن يوقفوا أي عمل دون نقاش.

ب- **الاقتراحات الفرعية**   (Subsidiary Motions) :

وهي اقتراحات تساعد المجتمعين على معالجة اقتراح رئيسي- ويكون ترتيبها بأنها تبدأ عندما يصوغ ويقر رئيس الجلسة الاقتراح الرئيسي وحتى يبدأ رئيس الجلسة بأخذ الأصوات على ذلك الاقتراح .

ج- **الاقتراحات العرضية**   (Incidental Motions) :

وهي اقتراحات ذات علاقة بأمور ذات طبيعة عرضية لإدارة الاجتماع أكثر منها بالاقتراح الرئيسي. ويمكن أن تقدم في أي وقت عندما تنشأ الحاجة اليها.

السؤال ما علاقة هذه الأنواع من الاقتراحات ببعضها بعضاً ؟

تتمثل العلاقة بين هذه الأنواع من الاقتراحات بأننا نبدأ بالاقتراحات الرئيسية التي هـي اقتراحـات أساسـية وتعرض موضوعاً جديداً للنقاش واتخاذ القرار ويعالج الاقتراح الرئيسي الموضوع على النحو التالي :

"دعونا نفعل كذا .. بالموضوع المعين "

وتساعد الأنواع الأخرى، وهي الاقتراحات المميزة والفرعية والعرضية، في تسيير ومعالجـة الاقتراح الرئيسي- فالاقتراحات **المميزة** تعالج الأمور ذات العلاقة براحة المجتمعين أو أية مواقـف أخرى ذات أهميـة خاصـة ويمكن أن توقف بحث الاقتراح المعلق الذي لم يبت فيه بعد، ومن ثم فإن علـى رئيس الجلسـة أو أعضـاء الاجتماع أن يتخذوا قراراً دون نقاش بشأن ما قدم . ومن الأمثلة على ذلك اقتراح **بالتأجيل.**

ويعالج الاقتراح المميز الموضوع على النحو التالي:

- "دعونا نفعل كذا ... رغم وجود اقتراح رئيسي معلق للبحث ولم يبت فيه"

أما الاقتراحات **الفرعية** فهي تطبق رأساً على اقتراح رئيسي- معلق لم يبت فيه وتساعد المجتمعين على الوصول إلى قرار نهائي بشأن الاقتراح الرئيسي. ومن الأساليب التي يستخدمها مقدمو الاقتراحات الفرعية الاقتراح بتعديل (Amend) الاقتراح الرئيسي أو الاقتراح باحالة الموضوع (Refer) الى لجنة.

ويعالج الاقتراح الفرعي الموضوع على النحو التالي :

- "دعونا نفعل كذا .. بالاقتراح الرئيسي "

اما الاقتراحات **العرضية** فتتعلق بالإجراءات وتساعد على السير بالاقتراحات الأخرى. فاقتراح **نقطة نظام** (Point of order) مثال على الاقتراحات العرضية

ويعالج الاقتراح العرضي الموضوع على النحو التالي:

- "دعونا نفعل كذا ... لتحسين الاقتراح موضوع البحث "

ثانياً: خطوة التثنية على الاقتراح (The Secondment of The Motion)

عندما يقدم عضو اقتراحاً في اجتماع، فان عضواً آخر له حق التصويت يجب أن يثنّي عليه. ومعنى أن يُثنى على اقتراح أن ثمة اتفاقاً على أن الاقتراح المقدم يجب أن يبحث. فالهدف من هذه الخطوة هو التأكد من أن عضوين من أعضاء الاجتماع على الأقل يريدون بحث القضية قبل ان يقضي- المجتمعون وقتاً لمعالجته.

وعلى خلاف مقدم الاقتراح الذي عليه أن يوافق على الاقتراح قبل تقديمه، فإن العضو الذي يثني على الاقتراح لا يعني بالضرورة أن يوافق على الاقتراح، ولكن يعني أن القضية المطروحة يجب أن تناقش ويتخذ قرار بشأنها.

وفي الواقع أن العضو الذي يثنّي على الاقتراح قد يكون ضده، ولكنه يثني على الاقتراح لانه يعتقد ان المجتمعين يجب أن يكون لهم موقف من الاقتراح او أن يتخذ قرار من القضية المطروحة. وقد يكون الدافع للعضو للتثنية الذي يعارض الاقتراح اصلاً أنه ملّ سماع الحديث الذي جرى حول الاقتراح قبل بدء الاجتماع، وأنه يريد للمجتمعين ان يتخذوا موقفاً يريحه ويريح الدائرة.

ثم إن التثنية على الاقتراح لا ترتب أي حقوق خاصة للعضو المثنّي كأن يناقش الاقتراح قبل أي عضو آخر. إن التثنية تعني ببساطة أنه تم التأكيد على أن المجتمعين سيتخذون قراراً بشأن القضية المطروحة.

لتوضيح خطوة التثنية فإن عضواً من أعضاء الاجتماع، ولنسمه هنا "سالم" يقول:

- إنني اثنّي على الاقتراح

أو يقول كلمة واحدة :

- أُثنّي

من الجدير بالذكر أن هناك اقتراحات **لا تحتاج إلى تثنية**، ومنها

1- اثارة موضوع يتعلق بالاقتراح المميز (Raising a question of privilege) :

ان هذا الاقتراح لا يحتاج إلى تثنية، فقد يقترح عضو اقتراحاً رئيسياً يتعلق بحقوق المؤسسة أو عضو من الأعضاء مما يتطلب بحثاً سريعاً، ومن ثم يترتب على ذلك إيقاف السير في الاقتراح الأصلي المقدم .

2- أمر يتعلق بجدول الأعمال (Call for orders of the day) :

وهنا قد يرى عضو أن على المجتمعين السير في بنود جدول الأعمال أو بحث موضوع خاص آخر، وإلا فإن على ثلثي الأعضاء أن يروا غير ما يراه هذا العضو.

3- نقطة نظام (Point of order) :

وهنا يقترح عضو أن قواعد إدارة الاجتماع قد اخترقت فيقترح على رئيس الجلسة التمسك بتلك القواعد. وهذا يتطلب من الرئيس التمسك بالقواعد.

4- الاعتراض على بحث الموضوع (Objection to Consideration) :

والغرض من هذا الاقتراح منع المجتمعين من بحث موضوع الاقتراح الرئيسي. لأن العضو مقدم اقتراح الاعتراض يشعر ان الموضوع لا علاقة له بالمؤسسة أو أنه غير مجدٍ أو أنه مثير للجدل.

5- أمر يتعلق بانقسام في مواقف المجتمعين (Division of the Assembly)

الهدف من هذا الاقتراح هو الحصول على تصويت يتضمن وقوف المجتمعين (Standing vote) وليس تصويتاً يتم فيه عدد الاصوات. فقد يقدم عضو هذا الاقتراح إذا ما شعر أن تصويت الاعضاء على الاقتراح الرئيسي على وشك أن يعلّق او ان التصويت لا يمثل الحاضرين، وذلك لتجنب انقسام المجتمعين. ومثل هذا الاقتراح يمكن أن يستخدم فقط بعد ان يكون التصويت الشفوي أو بالصوت (by voice) او برفع اليد قد اقترب من الإعلان.

6- أمر يتعلق باستفسار برلماني (Parliamentary inquiry) :

وهنا يكون الاقتراح موجهاً لرئيس الجلسة عن إجراء برلماني أو القواعد المرعية في المنظمة وذات علاقة بالقضية موضوع البحث.

ثمة نقطة مهمة جديرة بالاهتمام وهي أنه اذا لم يثنّ عضو على الاقتراح المقدم من عضو آخر، فان عملية تناول الاقتراح تنتهي عند هذا الحد. بعبارة أخرى إذا لم تكن هناك تثنية فإن الاقتراح يموت ، عند ذلك ينتقل المجتمعون الى بحث البند التالي على جدول الأعمال.

ثالثاً: خطوة قيام رئيس الجلسة بعرض الموضوع للنقاش :

The Chair States the Motion

تتمثل هذه الخطوة في أن رئيس الجلسة يقوم بعرض الاقتراح على المجتمعين، أي أنه يعرضه رسمياً عليهم. والواقع أن هذه الخطوة خطوة رئيسية، لأنها تؤكد على ان كل عضو قد فهم الاقتراح المقدم. وهنا يقول رئيس الجلسة:

- لقد اقتُرح أن تجدد الدائرة أجهزة الكومبيوتر اعتباراً من بداية العام القادم وبكلفة مقدارها نصف مليون دينار وثني عليه.

هنا نؤكد على ما سبق ذكره وهو أن رئيس الجلسة يكون سعيداً لو أن مقدم الاقتراح (وفي حالتنا هنا أحمد) قد قدمه مكتوباً ، وإذا لم يكن الاقتراح مكتوباً فإن رئيس الجلسة قد يقوم بأحد الإجراءات التالية:

- قراءة الاقتراح من الملاحظات التي سجلها عندما قدّم صاحب الاقتراح اقتراحه.
- الطلب من أمين السر (السكرتير) قراءة الاقتراح .
- الطلب من صاحب الاقتراح أن يعيد صياغة اقتراحه.

إن قيام رئيس الجلسة باعادة صياغة الاقتراح بشكل دقيق يتيح المجال لكي يتأكد كل عضو من أنه سمع الاقتراح كما وضعه صاحب الاقتراح، ومن ثم فإنه يعطي الفرصة للأعضاء الذين سرح فكرهم عندما قدم الاقتراح لكي يسمعوه مرة أخرى . وكذلك فإن هذا التصرف من رئيس الجلسة يبقي الأعضاء المجتمعين ملتزمين بالهدف، وهذا يعني أن الصياغة السليمة للاقتراح ستسهل عملية النقاش التالية .

- نعرض الآن لموضوع ملكية الاقتراح (Ownership of the motion) . إن موضوع ملكية الاقتراح موضوع مهم في فهم قواعد روبرت التنظيمية بوجه خاص وفي العملية الديموقراطية بوجه عام. فاذا قام رئيس الجلسة بعرض الاقتراح للنقاش بالطريقة سابقة الذكر فإن ملكية الاقتراح تنتقل من الشخص الذي اقترحه (وفي حالتنا هنا أحمد) إلى المجتمعين ككل، وإذا

ما انتقل الاقتراح إلى حيازة الأعضاء المجتمعين فإنهم يتصرفون فيه وفق ما يرونه مناسباً وتفسير هذا أمر في منتهى البساطة ، فإنك اذا ملكت شيئاً تستطيع التصرف فيه وتغيير وضعه، أما إذا لم تملكه وتريد تغييره فان عليك أن تعود إلى صاحبه وتستأذنه في التغيير. وكذلك إن اردت أن تأخذ ذلك الشيء إلى بيتك فعليك طلب الأذن من مالكه.

ومن الواضح أن هذا المفهوم ينطبق على الاقتراح، فإنك إن كنت تعرف من يملك الاقتراح اثناء خطوات معالجة الاقتراحات الست فإنه يسهل عليك فهم وجوب الاستئذان ممن يملك الاقتراح لتغييره. فلو اراد "أحمد" أن يعدّل في الاقتراح الذي قدمه والقاضي بتجديد الدائرة اجهزة الكومبيوتر ابتداء من أول العام القادم بكلفة قدرها نصف مليون دينار، ليكون التجديد بعد عام ونصف أو بكلفة قدرها ثلاثة أرباع مليون دينار مثلا . فانه يجب أن يعود الى المجتمعين الذين يملكون الاقتراح، ومن ثم فانه عليه ان يتقدم بالتعديل إلى رئيس الجلسة الذي يطلب التثنية عليه، ثم التصويت عليه بالأغلبية، فاذا رفضت الاغلبية التعديل فإن "أحمد" لا يستطيع أن يفعل شيئاً، هذه هي قواعد اللعبة الديمقراطية !

وهذا ينطبق على حالة أخرى وهي حالة سحب الاقتراح، فإن أراد "أحمد" أن يسحب اقتراحه القاضي بتجديد أجهزة الكومبيوتر في الدائرة اعتباراً من بداية العام القادم بكلفة مقداره نصف مليون دينار وثُني على الاقتراح وعرض رئيس الجلسة الموضوع للنقاش (أي بعد أن مر الاقتراح في الخطوات الثلاث) فإن على رئيس الجلسة أن يطلب من المجتمعين تلبية طلب أحمد بسحب الاقتراح، وإذا ما رفض أي عضو من الأعضاء ذلك فإن على رئيس الجلسة ان يعرض الموضوع القاضي بالسماح لأحمد بسحب اقتراحه أن يعرضه للتصويت.

رابعاً: خطوة مناقشة الأعضاء للاقتراح Members Debate the Motion

إن هذه الخطوة قد تكون أطول الخطوات في عملية معالجة الاقتراحات في الاجتماعات، كما أنها قد تكون أكثرها تعقيداً، وهذا يحتم على رئيس الجلسة والأعضاء أن يعوها جيداً ويراعوا قواعدها.

وهنا نذكر نقطة ذات أهمية خاصة في إجراءات وقواعد ادارة الاجتماعات، وتتمثل في أن الاقتراح الـذي وصل إلى هذه المرحلة يعتبر اقتراحاً معلقاً (Pending). وهذا يعني، حسب قواعـد روبـرت التنظيميـة، ان رئيس الجلسة، قد عرض الموضوع على المجتمعين، ولكن لم تتم تسويته سواء كان بشكل مؤقت أو بشكل دائم. وهذا يعني أيضاً أنه قد تصيب الاقتراح أمور عديدة، ومـن هنا تعتبر هـذه الخطوة خطوة مهمـة وحاسمة في حياة الاقتراح المقدم.

إن المجتمعين قد لا يرون المشكلة المعروضة أو حلولاً لها من نفس منظور مقدم الاقتراح. ومـن ثم فان المجتمعين يقضون وقتاً طويلاً في المناقشة والتفاوض وتقديم التنازلات قبـل أن ينتقلـوا الى الخطوة الخامسة وهي التصويت.

عندما يكون القرار معلقاً، أي لم تتم تسويته بشكل دائـم أو مؤقت فان أعضاء الاجتماع قـد يعدلونه (Amend) أو يؤجلونه، أو يطرحونه جانباً، او يحيلونه الى لجنة، أو أي أمر آخر، ويطلق على الأمور التي قد تجري للاقتراح الرئيسي مصطلح الاقتراحات الثانوية (Secondary motions) كما سبق وذكرنا.

لقد وضع هنري روبرت قواعد للنقاش في الاجتماعات، هذه أهمها:

1- على العضو الذي يريد أن يتحدث أن يطلب الإذن له بالحديث، وأن يسـمح لـه رئيس الجلسـة بالحديث.

2- للعضو الذي قدم الاقتراح الحق في أن يكون أول المتحدثين. وعليه أن يطلب من رئيس الجلسـة الحديث ، ومن ثم فان الرئيس يطرح الاقتراح للمجتمعين للنقاش.

3- يمكن للعضو أن يتحدث مـرتين في الاجتماع في اليوم، وعنـدما يـأتي دوره في المرة الثانيـة فـلا يستطيع ذلك إلا إذا كان جميع الذين طلبوا النقاش قد انتهوا من مناقشاتهم للمرة الأولى.

-4 يحق لكل عضو من أعضاء الاجتماع أن يتحدث لمدة عشر دقائق في المرة الواحدة ما لم يكن المجتمعون قد وضعوا قاعدة بديلة تحدد وقتاً يزيد أو ينقص عن العشر دقائق.

-5 يجب أن يكون النقاش ذا صلة مباشرة بالاقتراح.

-6 يجب أن يخاطب المتحدثون رئيس الجلسة، ولا يسمح للأعضاء بأن يتبادلوا الحديث فيما بينهم.

-7 يجب أن يتسم حديث المناقشين بالود واللطف وأن يمتنعوا عن مهاجمة الأعضاء الآخرين او مناقشة دوافعهم. وفي القضايا المثيرة للجدل فإن النقاش يجب أن يتركز على الأفكار وليس على الشخصيات، وأن يبتعدوا عن الكلمات الجارحة.

-8 يجب أن يستخدم المتحدثون ألقاب زملائهم، مثل السيد رئيس الجلسة أو المدير المالي وليس اسماءهم.

-9 عندما يناقش متحدث اقتراحاً ما فإن عليه أن يبين موقفه إن كان إلى جانب المؤيدين أو المعارضين للاقتراح.

-10 لا يستطيع مقدم الاقتراح معارضة اقتراحه، وإن كان له الحق في أن يصوت ضده ويستطيع العضو الذي ثنّى على الاقتراح أن يعارضه.

-11 لا يستطيع عضو أن يقرأ من مذكرة أو كتاب أو أن يطلب من أمين السر القيام بذلك الا بعد أن يطلب من المجتمعين السماح له بذلك. ولكنه يستطيع الاستعانة بفقرات قصيرة مطبوعة لدعم وجهة نظرة.

-12 لا يستطيع عضو، اثناء النقاش، أن يعارض عملاً او اقتراحاً سابقاً لا يكون معلقاً (Pending) ، أي موضع البحث، أي ما لم تكن موضع البحث (أو معلقة) اقتراحات لالغاء (Rescind) أو إعادة بحث (Reconsider) أو تعديل (Amend)

شيء تم تبنيه سابقاً، وهو موضع البحث الآن (أي معلقاً)، أو ما لم ينه ذلك العضو ملاحظاته بأمر يتعلق بهذه الاقتراحات.

13- يجب أن يمتنع أعضاء الاجتماع عن القيام بأي عمل يعيق سير الاجتماع مثل الهمس أو التحدث مع بعضهم بعضاً أو المشي، أو أي من الأعمال التي تشتت الاهتمام.

14- يستطيع رئيس الجلسة أن يقاطع عضواً متحدثاً إذا كان الأمر يتعلق بقاعدة من قواعد الاجتماع (ومن الأمثلة على ذلك تصويب مفهوم عرض له المتحدث) أو بإعطاء معلومات تتعلق بالقضية موضوع البحث.

15- لا يستطيع عضو من أعضاء الاجتماع أن يتنازل عن جزء من وقته الممنوح له للحديث (وهو عادة عشر دقائق) لأي عضو آخر.

16- يجب أن يظل رئيس الجلسة محايداً غير متحيز في موقفه. ومن حقه، كعضو في الاجتماع، أن يناقش الاقتراحات المطروحة. ومن هنا فإنه إذا أراد أن يتحدث عن قضية مطروحة فإن عليه أن يتخلى عن موقعه كرئيس للاجتماع لعضو آخر (كنائب الرئيس) مثلاً لم يتحدث بعد او لا يرغب في التحدث. وإذا لم يرغب أي مسؤول آخر في الاجتماع في تولي موقع رئيس الجلسة، فإنه يمكن لأي عضو آخر لا يرغب في التحدث وينال موافقة الحضور ترأس الاجتماع. ويعود رئيس الجلسة إلى تولي رئاسة الاجتماع عندما يتم التصويت على الاقتراح المعروض أو عندما ينحى الاقتراح مؤقتاً باقتراح باحالة الاقتراح المطروح للنقاش على لجنة، أو تأجيله إلى وقت آخر أو طرحه للنقاش (Lay on the table).

نتناول الآن ، ونحن في معرض الحديث عن خطوة مناقشة الأعضاء للاقتراح،   فكرة اساسية وهي القيود على النقاش (Limitations on Debate) ، ونوضح هذه الفكرة بما يلي:

- إن الأعضاء يستطيعون أن يضعوا قيوداً على مناقشة الاقتراحات في الاجتماعات أو حتى إيقاف النقاش. ولكي يتمكن الأعضاء من ذلك عليهم أن يتقدموا باقتراح. فرئيس الجلسة لا يستطيع أن يوقف النقاش إذا ما كان هناك عضو يرغب في التحدث. كما لا يستطيع عضو أن يوقف النقاش بمجرد أن يرفع صوته ويقول: "أنا معترض" أو لقد حان الوقت للتصويت.

- إن تقديم اقتراح بتقييد النقاش (To limit debate) هو الوسيلة التي يمكن بها تقييد النقاش، كما أن النقاش يوقف فقط باقتراح إغلاق النقاش (Previous question or close debate) وتحتاج هذه الاقتراحات الى من يثني عليها، كما يتطلب تبنيها ثلثي الأصوات، ويجب أن يكون التصويت وقوفاً.

ونقدم فيما يلي قائمة بالاقتراحات التي تحتاج إلى نقاش (Debatable Motions) والاقتراحات التي لا تحتاج إلى نقاش (No debatable Motions)

الاقتراحات التي تحتاج إلى نقاش   Debatable Motions :

- الاقتراح الرئيسي   Main Motion

- التأجيل إلى أجل غير محدد   Postpone indefinitely

- التعديل   Amend

- الإحالة إلى لجنة   Refer to a committee

- التأجيل إلى وقت محدود   Postpone to a certain time

- الاستئناف بقرار من رئيس الجلسة   Appeal from the decision of the chair

- الإلغاء   Rescind

- تعديل شيء سبق تبنيه   Amend Something Previously adopted

- إعادة الطرح   Reconsider

- الاستراحة (كاقتراح رئيسي عرضي)   Recess (as an incidental main motion)

- تحديد وقت للتأجيل   Fix a time to which to adjourn

(as an incidental main motion)

الاقتراحات التي لا تحتاج إلى نقاش Undebatable Motions :

- تحديد أو توسيع حدود للنقاش   Limit or extend the limits of debate

- إغلاق باب النقاش (المسألة السابقة فنياً)   Close debate (previous question)

- الطرح للمداولة   Lay on the table

- سحب مسألة طرحت للمداولة   Take from the table

- مناقشة جدول الأعمال   Call for the order of the day

- إثارة قضية امتياز   Raise a question of privilege

- الاستراحة (كاقتراح مميز)   Recess (as a privileged motion)

● التأجيل	Adjournment
● تحديــد وقـت يـتم التأجيـل بموجبـه (كاقتراح مميز)	Fix the time to which to adjourn (as a privileged motion)
● نقطة نظام	Point of order
● سحب اقتراح	Withraw a motion
● إيقاف العمل بالقواعد	Suspend the rules
● الاعتراض على بحث اقتراح	Object to consideration of the motion
● اقتراح عـرضي يتصـل بالتصـويت، عنـدما يكون الموضوع معلقاً	Incidental motions relating to voting when the subject is pending
● تجاوز قراءة المحضر	Dispense with reading of the minutes

ومن القضايا التي ترتبط بموضوع الاقتراحات قضية ترتيب الاقتراحات (The Ranking of Motions) او سلم الاقتراحات حسب ترتيبها (Ladder of Motions In order of Rank) إن المبدأ الذي ينص على تناول بند واحد فقط أثناء الاجتماع يقتضي في نفس الوقت ان ترتب الاقتراحات الرئيسية والاقتراحات الفرعية والاقتراحات المميزة ترتيباً خاصاً .

إننا لو نظرنا إلى ترتيب الاقتراحات كسلم فان الاقتراح الرئيسي يكون في الدرجة السفلى (الأولى) مـن السـلم والشكل رقم (1) الذي نطلق عليه مصطلح "سلم الاقتراحات حسب ترتيبها" يوضح هـذه الفكـرة. فعنـدما يكون الاقتراح الرئيسي معلّقاً (أي أنه موضح بحث المجتمعين) فانه بامكان أي عضو أن يقدم اقتراحاً يتلـوه في الرتبة.

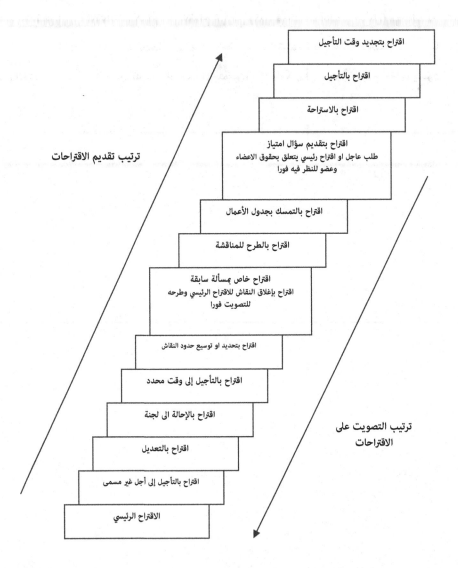

اقتراح بتجديد وقت التأجيل

اقتراح بالتأجيل

اقتراح بالاستراحة

اقتراح بتقديم سؤال امتياز
طلب عاجل او اقتراح رئيسي يتعلق بحقوق الاعضاء وعضو للنظر فيه فورا

ترتيب تقديم الاقتراحات

اقتراح بالتمسك بجدول الأعمال

اقتراح بالطرح للمناقشة

اقتراح خاص بمسألة سابقة
اقتراح بإغلاق النقاش للاقتراح الرئيسي وطرحه للتصويت فورا

اقتراح بتحديد او توسيع حدود النقاش

اقتراح بالتأجيل إلى وقت محدد

اقتراح بالإحالة الى لجنة

ترتيب التصويت على الاقتراحات

اقتراح بالتعديل

اقتراح بالتأجيل إلى أجل غير مسمى

الاقتراح الرئيسي

الشكل رقم (1) سلم ترتيب تقديم الاقتراحات والتصويت عليها

فعلى سبيل المثال فان أي عضو يستطيع أن يقدم اقتراحاً **بالتعديل**، وإذا نظرنا الى السلم فإننا نقف على ثلاث درجات من درجات السلم ويكون التعديل هو الاقتراح المعلّق (أي موضع بحث المجتمعين) لأنه في درجة أعلى من درجة الاقتراح الرئيسي ـ وبالتالي يكون النقاش حول اقتراح التعديل وليس الاقتراح الرئيسي. ويستطيع أي عضو أن يتقدم باقتراح يتلو اقتراح التعديل درجة، ولكن لا يستطيع أي عضو أن يتقدم باقتراح **للتأجيل إلى أجل غير مسمى** لأنه أدنى درجة من درجة التعديل.

وعلى هذا الأساس فإننا عندما نتقدم باقتراح فإننا **نصعد** درجات السلم وعندما نصوت على الاقتراحات المعلقة (موضع البحث) فإننا **ننزل** درجات السلم، فعلى سبيل المثال فلو قدمت الاقتراحات التالية وهي معلقة (أي انها موضع نقاش)

- الاستراحة

- التأجيل إلى وقت محدود

- التعديل

- الاقتراح الرئيسي

فإن الرئيس يبدأ عند طلب التصويت على الاقتراحات بالاقتراح الخاص **بالاستراحة، وإذا تبنى الأعضاء اقتراح الاستراحة فإنهم يبدأون بنقاش اقتراح التأجيل إلى وقت محدود** عندما يعودون للاجتماع. وإذا تم تبنيه فإن الاقتراح **بالتعديل أو الاقتراح الرئيسي** يؤجلان إلى وقت لاحق وإذا استؤنف الاجتماع فإن المجتمعين يبدأون بنقاش الاقتراح الخاص بالتعديل وعندما يتم التصويت على التعديل فان الأعضاء يصوتون بعدها على الاقتراح الرئيسي.

ونظراً لأهمية خطوة النقاش في عملية معالجة الاقتراحات في الاجتماعات فإن مجلس النواب الأردني قد افرد لها فصلاً خاصاً في النظام الداخلي للمجلس، وهذا أهم ما ورد فيه [11] :

- لا يجوز لأحد أن يتكلم إلاَّ بعد أن يطلب الكلام ويأذن له رئيس المجلس، وإلا فللرئيس أن يمنعه من الكلام ويأمر بعدم إثبات أقواله في محضر الجلسة.
- ليس للرئيس أن يرفض الإذن بالكلام لغير سبب مشروع، وعند الخلاف على ذلك يؤخذ رأي المجلس.
- تقيد طلبات الإذن بالكلام بترتيب تقديمها ولا يجوز قيد أي طلب بالكلام في موضوع محال على إحدى اللجان قبل عرض القرار الخاص به.
- يأذن الرئيس بالكلام لطالبيه حسب ترتيب الأسبقية في الطلب، ولكل من طالبي الكلام التنازل عن دوره لغيره.
- يعطى الإذن بترتيب الأسبقية في الطلب الأول فالأول وهكذا الا اذا كان الغرض من الكلام تأييد الاقتراحات المطروحة للبحث أو تعديلها أو المعارضة فيها فعندئذ يعطى الإذن بالتداول لأول طالب من مؤيدي الاقتراح فلأول طالب من مقترحي تعديله ثم لأول المعارضين فيه ويتكرر ذلك بصرف النظر عن ترتيب الطلبات.
- يؤذن دائما بالكلام في الحالات التالية وحسب ترتيبها:

    1. نقاط النظام .
    2. طلب تأجيل النقاش.
    3. طلب تصحيح واقعة مدعى بها.
    4. طلب الرد على قول يمس طالب الكلام.
    5. طلب سحب الاقتراح.

6. طلب إحالة الموضوع الى لجنة.

7. طلب إقفال باب النقاش.

- عند طلب الكلام في المواضيع الواردة في الفقرة السابقة يوقف الرئيس النقاش بعد ان يتم المتحدث كلامه، ويبت بالطلب فوراً، ويجوز استئناف قرار الرئيس للمجلس فيطرح الرئيس الاستئناف للتصويت.

- يقصد بنقاط النظام أن يدفع العضو بأن النقاش يخالف أحكام الدستور أو أحكام النظام الداخلي، أو أن فيه خروجاً عن الموضوع مدار البحث، ويثار هذا الدفع في أي وقت من النقاش إلا إذا كان المجلس قد شرع في التصويت.

- يقصد بتأجيل النقاش، أن يطلب العضو تأجيل بحث البند موضوع النقاش لمدة معينة وأن يبرر طلبه بإيجاز، فإذا ثنّي على الاقتراح طرحه الرئيس للتصويت فوراً ودون مناقشة.

- يقصد بتصحيح الواقعة المدعى بها، تقديم توضيح مختصر حول نقطة مهمة تتعلق بموضوع النقاش ينبغي إبلاغ الاجتماع بها.

- لكل عضو ورد في الكلام ما يمس بكرامته، أو يسند له أموراً شائنة أو استعملت في الكلام عنه عبارات غير لائقة أو أسيء فهم كلامه أو موقفه، أن يرد إذا طلب ذلك عقب المتكلم مباشرة أو في أي وقت آخر يطلبه، لنفي ما وجه اليه أو تصحيح ما أسيء فهمه وله طلب الاعتذار من المتكلم أو إحالة الموضوع الى التحقيق.

- لا يجوز اقتراح إقفال باب النقاش إلا إذا تكلم في الموضوع المطروح للنقاش ثلاثة من مؤيديه وثلاثة من معارضيه على الأقل (إن وجدوا).

- إذا ثني على الاقتراح وجب على الرئيس تحديد الاقتراحات التي قدمت في جوهر الموضوع الذي تجري مناقشته والتي يتعين التصويت عليها بعد إقفال باب المناقشة.

- يسمح الرئيس لمتحدثين اثنين على الأكثر لشرح أسباب اعتراضهم على اقتراح إقفال باب النقاش ثم يطرح الرئيس الاقتراح للتصويت فإذا وافق عليه المجلس أعلن الرئيس إقفال النقاش.
- للرئيس أن يقترح إقفال باب النقاش إذا رأى أن الموضوع قد استوفي بحثه.
- لا يجوز اقتراح قفل باب النقاش في المواضيع المتعلقة بالدستور والثقة والموازنة العامة والمناقشة العامة إلا بعد أن يتحدث جميع طالبي الكلام.
- يتكلم العضو من مكانه أو على المنبر، إلا اذا طلب الرئيس الى المتكلم أن يتكلم من المنبر، أما مقرر اللجنة فلا يتكلم إلا من المنبر.
- لا يجوز توجيه الكلام إلا الى الرئيس أو إلى المجلس.
- لا يجوز للعضو أن يتكلم أكثر من مرة واحدة في المواضيع المتعلقة بالثقة أو المناقشة العامة، أو الموازنة أو أكثر من مرتين في أي مسألة أخرى.
- يحق للرئيس بموافقة المجلس تحديد الوقت الذي يراه مناسباً لكل عضو أو مجموعة من الأعضاء عند الحديث في أي أمر.
- لا يجوز مطلقاً أن يستعمل المتكلم ألفاظاً نابية أو عبارات غير لائقة أو فيها مساس بكرامة المجلس أو رئيسه، أو بكرامة الأشخاص أو الهيئات، أو مساس بالنظام العام أو الآداب العامة، كما لا يجوز مطلقاً أن يأتي العضو أمراً مخلاً بالنظام.
- للرئيس حق منع المتكلم عن متابعة كلامه، بدون قرار من المجلس، في الحالات التالية:

    1. إذا تعرض للملك بما لا يليق أو تناول مسؤوليته في غير ما نص عليه الدستور.
    2. إذا تكلم بدون أذن الرئاسة.

3. إذا تفوه بعبارات نابية بحق أحد النواب أو إحدى اللجان أو الكتل النيابية.

4. إذا تعرض للحياة الخاصة للغير.

5. إذا تعرض بالتحقير لشخص أو هيئة، ما لم تكن أقواله مؤيدة بحكم قضائي قطعي.

6. إذا تعرض لوقائع قضية معروضة أمام القضاء.

7. إذا انتهت مدة الكلام المسموح له بها.

- في غير الحالات السابقة لا يجوز منع المتكلم من الكلام الا بقرار من المجلس.

- على المتكلم التقيد بموضوع النقاش وآدابه وعدم الخروج عنه وعدم تكرار أقواله أو أقوال غيره من الأعضاء وللرئيس وحده أن يلفت نظر المتكلم الى أنه خرج عن الموضوع أو أن رأيه قد اتضح بشكل كاف وان لا مجال للاسترسال بالكلام.

- لا يجوز لغير الرئيس مقاطعة المتكلم أو إبداء ملاحظات على كلامه.

- إذا لفت الرئيس نظر المتكلم أثناء كلامه مرتين في جلسة واحدة واستمر على ما أوجب لفت نظره فللرئيس أن يأخذ رأي المجلس على منعه بقية الجلسة من الكلام في الموضوع نفسه، ويصدر القرار بدون مناقشة.

- كل عضو قرر المجلس منعه من الكلام ولم يمتنع أو عاد للإخلال بالنظام جاز للمجلس بناء على طلب الرئيس أن يقرر إخراجه من قاعة الجلسة، ويترتب على قرار الإخراج حرمان العضو من الاشتراك في أعمال المجلس بقية الجلسة وعدم إثبات شيء مما قاله في المحضر واعتباره غائباً عن الجلسة ولو لم ينسحب.

خامساً: خطوة التصويت على الاقتراحات : Putting the Motion to Vote

هناك ثلاثة مبادئ للديموقراطية :

- الحق في التجمع

- الحق في الحديث أو الخطاب

- حق التصويت

وحق التصويت هـي الطريقـة التـي تقررهـا المـنظمات (ومنها التجمعـات النقاشـية) بالسـماح لأعضائها بأن يتخذوا قراراً بالنسبة لقضية ما بطريقة ديموقراطية بعد أن اجتمع الأعضاء واستمعوا إلى آراء بعضهم بعضاً. وحق التصويت حق أساسي لدعم الديموقراطية في المنظمات وهناك ثلاثة مبادئ يجب أن تؤخذ بعين الاعتبار عند أخذ الاصوات:

- ضمان أن التصويت قد تم بطريقة عادلة محايدة.

- ضمان حق كل من يريد التصويت في التصويت.

- ضمان تمثيل النتيجة التي يتمخض عنها التصويت "الطريقة التي صوت بها الأعضاء".

نعالج الآن القضايا التالية:

أ- إجراءات التصويت :

عند أخذ اصوات المجتمعين فإن على رئيس الجلسة أن يتبع الإجراءات التالية:

1- يطلب إلى مؤيدي الاقتراح أن يصوتوا .

2- يطلب إلى معارضي الاقتراح أن يصوتوا .

3- لا يسأل عن الممتنعين عن التصويت .

4- يعلن نتيجة التصويت ويشرح ما حدث.

5- أن يلتزم الحياد عندما يطلب من الأعضاء التصويت.

6- يجب أن يتوفر نصاب Quorum عند التصويت بأي أسلوب من أساليبه.

7- اذا كان لديه شك حول نتيجة التصويت فان له أن يطلب إعادة التصويت بالطلب إلى الأعضاء الوقوف أو طلب عد الأصوات.

8- اذا شك عضو من الحاضرين في نتيجة التصويت فإن له أن يعلن أنه معارض (division) وبالتالي يعاد التصويت كما هو موضح في البند السابع .

ب- الأسس التي تتقرر بموجبها نتيجة التصويت :

ثمة أسس تتبع في المؤسسات الديموقراطية وفي الاجتماعات تحتسب بموجبها نتيجة التصويت :

1- صوت الأغلبية   (Majority vote)

وهو أساس يتبع عادة عند تبني اقتراح أو انتخاب انسان لمنصب، تحدد الأغلبية بأنها أكثر من نصف الأصوات التي طرحها أشخاص لهم حق التصويت قانونياً ، مستثنين من لم يعبر عن صوته أو الممتنع في اجتماع قانوني تحقق فيه النصاب.

2- ثلثا الأصوات   (Two Thirds vote)

وهو نفس صياغة صوت الأغلبية باستثناء بتوفر ثلثي الأصوات بدلاً من اكثر من النصف. ويشترط هنري روبرت توفر ثلثي الأصوات عند طلب تعليق القواعد (To suspend the rules) أو إنهاء او تحديد او توسيع حدود النقاش، كما مر معنا.

3- ثلاثة ارباع الأصوات (A Three Fourths vote)

تشترط بعض المؤسسات توفر ثلاثة ارباع الأصوات بـدل الثلثين في بعـض القضـايا مثـل انتخـاب مسؤولين او اختيار اعضاء للانضمام الى جمعية ما.

جـ- أساليب التصويت :

ثمة أساليب عدة للتصويت نوجزها فيما يلي:

1-التصويت الشفوي (بالصوت) (Voice vote-viva voice)

2-التصويت برفع الايدي (Show of hand vote)

3-التصويت وقوفاً (Rising vote)

4-الاقتراع السري (Ballot vote)

5-التصويت بحسب الاسم (Roll call vote)

6-التصويت بالبريد (Taking a vote by mail)

7-التصويت الالكتروني (Taking a vote by E mail)

ومما يلقي الضوء علـى عمليـة التصـويت في الاجتماعـات أن نـذكر مـا جـاء في النظـام الـداخلي لمجلس النواب الأردني عن التصويت في المجلس[12].

- تصدر قرارات المجلس باكثرية أصوات الأعضاء الحاضرين ما عدا الرئيس، وعند تساوي الأصوات على الرئيس إعطاء صوت الترجيح.

- تعطى الأصوات بالمناداة على الأعضاء باسمائهم، وبصوت عال في الحالتين التاليتين:

1. إذا كان التصويت متعلقاً بالدستور ويكون الجواب باحدى الكلمات التالية:

موافق، مخالف، ممتنع.

2. إذا كان التصويت متعلقاً بالثقة بالوزارة أو بالوزراء، ويكون الجواب باحدى الكلمات التالية:

ثقة، حجب، امتناع .

- في غير الحالتين المنصوص عليهما في الفقرة أعـلاه يجـري التصويت **برفـع الأيـدي** أو باسـتخدام **الوسائل التقنية الحديثة** وفقاً لما يقرره الرئيس.

- إذا حصلت شبهة حول أي تصويت جرى برفع الأيدي وطلـب عشـرة نـواب علـى الأقل إعـادة التصويت وجب إعادته وإجراؤه **بطريقة القيام والقعود أو بطريقة المناداة بالاسم.**

سادساً: الإعلان الكامل لنتائج التصويت: Complete Announcement

هذه هي الخطوة الأخيرة في معالجة الاقتراحات في الاجتماعات وفيها يعلن رئيس الجلسة نتـائج التصويت، ويجب أن يتضمن الاعلان العناصر التالية:

1- إعلان أي جانب قد حاز على نتيجة التصويت (المؤيد أو المعارض)

2- إعلان نجاح او فشل الاقتراح .

3- إعلان نتائج التصويت.

4- الإعلان عن الخطوة التالية في جدول الأعمال.

الفصل الرابع

قضايا مختارة في إدارة الاجتماعات

Selected Issues in Meetings Management

الأهداف الأدائية (Performance Objectives) :

يتوقع ان يحقق الدارس الأهداف الأدائية التالية، بعد أن يقرأ هذا الفصل :

1-   أن يحدد، بكلماته الخاصة، معنى النصاب .

2-   أن يحدد الخيارات التي تكون أمام رئيس جلسة في اجتماع اذا لم يتوفر   النصاب.

3-   أن يحدد، بكلماته الخاصة، معنى جدول الأعمال وأهميته في الاجتماع.

4-   أن يحدد معنى المحضر وأشكاله .

الفصل الرابع

قضايا مختارة في إدارة الاجتماعات

Selected Issues In Meetings Management

سنعالج في هذا الفصل القضايا التالية:

- النصاب   Quorum

- جدول الأعمال   Agenda

- محضر الاجتماع   Minutes

سنبحث الآن كل قضية من هذا القضايا ببعض التفصيل :

النصاب   Quorum :

- يعتبر استكمال النصاب أهم قاعدة من قواعد هنري روبرت في إدارة الاجتماعات ويعني النصاب توفر حد أدنى من الأعضاء الذين لهم حق حضور الاجتماع حتى يمكن تسيير الأعمال في الاجتماع. ومهما بلغت براعة رئيس الجلسة في إدارة الاجتماع، ومهما كانت نوعية الاقتراحات التي تقدم أو النقاش الذي يدور، فإن الاجتماع لا تكتمل أركانه ولا يمكن تسيير الأعمال فيه إلا إذا توفر النصاب.

- يجب عدم الخلط بين مصطلح النصاب وبين مصطلح الاغلبية. فالنصاب يعني قانونياً عدد الأعضاء الذين يجب توفرهم لتسيير الأعمال في الاجتماع. أما الأغلبية فهو عدد الأعضاء الذين يجب توفرهم من ذلك النصاب ليكون التصويت ايجابياً (Affirmative vote) أي أن اقتراحاً ما قد وفق عليه من الحضور.

- ينبغي على المنظمات بكل أنواعها أن تحدد في أنظمتها وتعليماتها عدد الأعضاء الذين يجب أن يتوفروا لاستكمال النصاب في الاجتماعات التي تعقدها.

- ومن الأهمية بمكان تحديد النصاب في الاجتماعات، لأن تلك المنظمات يجب أن تقرر عدد الأعضاء الذين يمكن لهم أن يصوتوا في الاجتماعات ويتخذوا قرارات باسم المجموعة ككل.

- وفي العادة فإن متطلبات النصاب تنص على توفر الأغلبية، وهذا يعني 50% من الحضور + 1 .

- على رئيس الجلسة والأعضاء أن يتأكدوا باستمرار من توفر النصاب أثناء الاجتماعات فعندما يخرج أعضاء اثناء الاجتماع، فان رئيس الجلسة لا يستطيع أن يجري تصويتاً لأن النصاب غير مكتمل.

- عندما يريد رئيس الجلسة أن يحدد توفر النصاب او عدم توفره فإن عليه أن يعد الأعضاء الحاضرين، وليس الذين صوتوا بالايجاب على اقتراح ما. فإذا كان عدد الحضور 20 عضواً وجرى تصويت على اقتراح ما فأيده (12) عضواً وعارضه (3) أعضاء وامتنع (5) عن التصويت، فالنصاب متوفر بغض النظر عمن أيد وعمن عارض وعمن امتنع عن التصويت.

- اذا عقد اجتماع وكان النصاب غير متوفر فماذا يمكن لرئيس الجلسة أن يفعل؟ الواقع أن الخيارات أمامه محدودة ومنها:

- تحديد وقت آخر للاجتماع.

- إنهاء الاجتماع وتأجيله.

- أخذ استراحة لعل بعض الأعضاء يحضرون أو يجري الاتصال بهم هاتفياً أو بالفاكس او بالبريد الالكتروني.

جدول الأعمال   Agenda :

- كلمة (Agenda) الانجليزية هي كلمة لاتينية تعني "الأشياء التي ستنجز (Things to be done) ، ومن ثم فإن مصطلح "جدول الأعمال" أو (Agenda) الانجليزية له مصطلح مرادف وهو "ترتيب الأعمال" (An order of Business)

- يمكن تعريف جدول الأعمال بأنه برنامج أو ملخص معد سلفاً بالبنود المرتبة ترتيباً يعكس أهميتها وستبحث في اجتماع ما. ومن المهم أن نبرز هنا أن بنود جدول الأعمال يجب أن ترتب حسب أهميها ، الأهم فالمهم فالأقل أهمية وأن وجود جدول الأعمال للاجتماع يجعل سيره منتظماً ويبقيه على المسار المرسوم له، مما يوفر الوقت والجهد للمجتمعين.

- اقترح هنري روبرت في كتابه الشهير أن ترتب بنود جدول أعمال الجمعية النقاشية   Deliberative Assembly التي تجتمع أربع مرات في العام على النحو التالي:

    1. قراءة المحضر والموافقة عليه.

    2. تقارير المسؤولين ومجلس الإدارة واللجان الدائمة.

    3. تقارير اللجان المؤقتة أو الخاصة.

    4. بنود خاصة.

    5. بنود لم يبت فيها وقضايا عامة.

    6. ما يجد من أعمال.

- ويمكن لرئيس الاجتماع أو أمين سر الاجتماع أن يحضّر جدول أعمال خاص دون التقيد بالترتيب السابق ويمكن أن يسترشد بالأمور التالية:

    1. مراجعة محاضر الجلسات السابقة.

    2. استشارة الأعضاء حول مقترحات يقترحونها للبحث في الاجتماع .

3- أخذ أمور معينة بعين الاعتبار مثل افتتاح الاجتماع بالسلام الملكي أم الجمهوري أم القرآن الكريم او بالدعاء، والإعلان عن أمور معينة مثل الاستراحات والغذاء والعشاء وما إلى ذلك من أمور.

ومن المناسب جداً أن يرسل جدول الأعمال الى الأعضاء إما بالبريد أو الفاكس أو البريد الالكتروني خلال وقت كاف حتى يطلع الأعضاء عليه ويهيئوا أنفسهم للاجتماع.

ومن الجدير بالذكر أن الكاتب اعتاد وقد عمل لمدة ثلاثة عشر عاماً رئيساً لجامعة خاصة ان يضمِّن جدول أعمال المجالس التي يترأسها بندين يليان بند قراءة المحضر والموافقة عليه وهما:

أ- **إعلام**، وفي هذا البند كان يخبر المجتمعين الأمور ذات العلاقة في الجامعة، وكان يطلب إلى رؤساء الوحدات المجتمعين إعلام الحاضرين بأية معلومات ذات علاقة.

ب- **متابعة تنفيذ أو عدم تنفيذ القرارات** التي اتخذت في الجلسة السابقة.

محضر الاجتماع [13]

المحضر هو سجل مختصر ورسمي لما جرى في اجتماع ما، ويتضمن المحضر في الغالب ما جرى وما اتخذ من قرارات وعادة فإن أمين سر الاجتماع أو السكرتير هو الذي يعد المحضر، ويتضمن المحضر مكان الاجتماع والوقت والحاضرين والغائبين والمعتذرين عن عدم الحضور.

تكون محاضر الاجتماع على ثلاثة أشكال هي:

1- المحاضر المفصّلة :

ويعطي في هذا النوع المحاضر خلفية مفصلة عن القرارات التي تم اتخاذها في الاجتماع، كما يذكر فيها كل ركن من أركان المناقشة وفي هذا الشكل من المحاضر قد تذكر أسماء من تقدم بافكار واقتراحات (وهو غير مفصَّل) وقد يكون المحضر مفصلاً دون ذكر الأسماء.

2- المحاضر الموجزة :

وهي أكثر الأشكال شيوعاً، لأنها أكثر سهولة وايجازاً وأسرع في القراءة. ووظيفتها تلخيص ما دارت حوله المناقشات دون الدخول في التفاصيل ، وتركز هذه المحاضر على الموضوعات التي ناقشها المجتمعون أكثر من تركيزها على قول كل عضو .

3- المحاضر التي تتضمن القرارات النهائية للاجتماع :

وتعرض هذه المحاضر العنوان والقرار ومن سيقوم بتنفيذه، ومن السهل جداً إعداد هذه المحاضر وقراءتها، وتكون هذه المحاضر غير ذات قيمة كبيرة عند غياب الكثير من أعضاء اللجنة عن الاجتماع ولا يعطي ذلك النوع من المحاضر خلفية عن الكيفية التي وصل بها الأعضاء للقرارات.

من المفيد عند تدوين المحضر أن تذكر **القرارات والجهة المنفذة** حتى يسهل متابعة تنفيذ القرار.

فيما يلي أمثلة على محاضر الاجتماع بأشكالها الثلاثة :

محضر مفصل (بالأسماء) :

محضر الاجتماع الرابع للمديرين في الشركة :

مكان الاجتماع : القاعة الرئيسية في مبنى الشركة الرئيسي .

الزمان : بدأ الاجتماع الساعة العاشرة من صباح يوم الاربعاء الموافق 2008/1/2 وانتهى الساعة الحادية عشرة من صباح نفس اليوم.

الحضور: السادة التالية اسماؤهم :

السيد فايز	نائب المدير العام
السيد احمد	المدير المالي
السيد علي	مدير الموارد البشرية

السيد فائق   مدير التسويق

السيد سليم   مدير المشتريات

وقد تغيب عن الحضور بعذر السيد محمد مدير الانتاج .

اقترح (علي) تركيب ماكينات توفير الماء البارد للشرب بدل استخدام زجاجات مياه الصحة في غرف الاجتماعات السبع، ويبلغ ثمن إيجار الماكينة الواحدة 3 دنانير في مقابل 5 دنانير لانبوبة المياه، ومن المرجح أن تكون تكاليف الماكينات مساوية لتكاليف انبوبات المياه في حالة استهلاك هذه المياه جميعها.

وتم بحث إمكانية توفير المزيد من الماء بتركيب ماكينات عدة تزيد على حاجة المستهلكين، إلا أن الموضوع برمته تم طرحه جانبا لعدم جدواه، وفي النهاية تم الاتفاق على أن يتحمل الموردون التكلفة حتى نهاية العام الحالي. ورغم أن الزيادة المقبلة في كمية المياه ستكون أكبر بعدة مراحل ولن تتم تغطية تكاليفها بالكامل، إلا أن ذلك لا يشكل أدنى مشكلة، لوجود المخصصات اللازمة لذلك في الموازنة.

اقترح (احمد) إسناد مهمة تبديل الانبوبات المملوءة بدل الانبوبات الفارغة للعمال في الشركة، بعد إخبارهم بذلك، وسيتولى الموردون تنظيم عملية شراء انبوبات المياه.

الشخص المكلف بتنفيذ القرار: مدير المشتريات (سليم) قبل الاجتماع المقبل.

المحضر الموجز :

بحثت اللجنة إمكانية تركيب ماكينات ضخ الماء البارد في غرف الاجتماع السبع. توقعت اللجنة ألا تزيد تكاليف الماكينات عن زجاجات المياه، مع إمكانية تغطية التكاليف من خلال إضافتها إلى ميزانية الموردين حتى نهاية العام. سيتم إسناد مهمة تبديل الانبوبات المملوءة بدلاً من الفارغة إلى العمال، مع إصدار أوامر البيع والشراء للموردين.

القرار: تركيب ماكينات ضخ الماء البارد خلال اسبوع، ويكلـف العمال بالشركة بالقيـام بـأعمال اسـتبدال الانبوبات.

الشخص المكلف بتنفيذ القرار: مدير المشتريات (سليم) قبل الاجتماع القادم

المحضر الذي يتضمن القرار فقط :

وافقت اللجنة على تركيب ماكينات ضخ الماء البارد في الغرف السبع، بالإضافة إلى تكليف العمال بالشركة بالقيام بأعمال استبدال الانبوبات، مع إصدار أوامر البيع والشراء للموارد، وكلف مـدير المشـتريات (سليم) بتنفيذ القرار قبل الاجتماع القادم.

هذا وقد نص النظام الداخلي لمجلس النواب الأردني على ما يلي بالنسبة لمحضرـ الجلسـات التـي يعقدها. [14]

يحرر لكل جلسة محضر تفصيلي تبين فيه اسماء الغائبين بعذر أو بدون عذر ويدون فيه جميـع إجراءات الجلسة وما دار فيها من أبحاث ومناقشات وما صدر من قرارات ويدون ملخـص هـذه المحاضر في سجل خاص، ويوقع على المحاضر رئيس الجلسة وأمين عام المجلس.

تطبيقات في إدارة الاجتماعات

1-حالة إدارية : اجتماع تعيس .

2-نصان للمناقشة * عن ادارة الاجتماعات.

3-نموذج تقييم اجتماع.

4- تمرين تطبيقي في إدارة الاجتماعات.

* ابراهيم كشت : ومضات إدارية، صور من الواقع الإداري وأفكار ادارية عرضت بأسلوب القصة والخاطرة والحوار
عمان: دار وائل للطباعة والنشر، 1999 ، ص ص 201-203 .

حالة إدارية

(1) اجتماع تعيس

إعداد: أ.د. عبد الباري إبراهيم درة

عاد المهندس عاطف عبد المقصود مغموم البال بعد أن حضر ـ اجتماعـا ترأسـه وكيـل (معاون) الوزير الجديد جميل صلاح، لقد استمر الاجتماع أربع ساعات ولم يناقش إلا بند واحدة فقط مـن بنـود جدول الأعمال الذي يضم خمسة بنود.

كان المفروض أن يبدأ الاجتماع السـاعة العاشـرة صباحا، لكـن السـيد جميـل صـلاح لم يـأت إلا الساعة العاشرة والنصف صباحاً، كان الاجتماع يضم خمسة عشرـ عضواً، ولم يصل إلى قاعة الاجتماع في الساعة العاشرة إلا عضوان هما المهندس عبد المقصود وزميل له يشاطره مكتبه. ثم بدأ الأعضاء في التوافـد بعضهم قبل وصول وكيل الوزير بقليل وبعضهم بعد وصوله.

لقد كثرت الرحلات الجانبية والشطحات في ذلك الاجتماع. كان البند الأول عـلى جدول الأعمال تقييم دراسة الجدوى الاقتصادية لإقامة سد على النهر الذي يفيض في فصل الشتاء فيهلك الحـرث والنسـل وكان من الموضوعات التي تطرق اليها الحديث موضوع الشركات الأجنبية والمبالغ الباهظة التي تتقاضـاها، باعتبار أن الشركة التي قدمت الجدوى الاقتصادية للمشروع كانت شركة أوروبية، وكيـف أن هـذه الشركة الاستشارية امتداد للاستعمار القديم.

وقد حدث أن نشب خلاف حول عمق الدراسة بين عضوين مـن الأعضاء، فارتفعـت أصواتهما وكادا يتشابكا بالأيدي، ولم يحرك وكيل الوزير ساكنا لتوضيح وجهتي نظرهما، أو لإيقافهما عند حدهما.

لقد لاحظ المهندس عبد المقصود أن زميلة له في الاجتماع ترسم شخصيات كاريكاتورية تمررها إلى زميل من يجانبها فيكتبان عليها فتبتسم، وتعيد الرسم مضافا إليه تعليقات أخرى.

ولقد أثار شعور عبد المقصود المكالمات الهاتفية التي تقطع الاجتماع، فقد وردت مكالمة من زوجة الوكيل تطلب إليه أن لا ينسى أن يرسل السيارة الخاصة به ليحضر الأولاد من المدرسة، ومكالمة أخرى من زميل له يتوسط في تعيين موظف في الوزارة، وهكذا.

وعندما سارت عقارب الساعة لتشير إلى الساعة الثانية ظهرا بدأ التململ على الأعضاء، وطلبوا إلى وكيل الوزير فض الاجتماع، واتفقوا على العودة الساعة السابعة مساء لإكمال بحث بنود جدول الأعمال.

وصل المهندس عاطف عبد المقصود إلى قاعة الاجتماعات تمام الساعة السابعة مساء وقد فوجئ أن الجميع قد حضروا في الوقت المحدد لان الوزير - كان قد اعلم وكيله بنية حضور الاجتماع .

هذا وقد انتهز أحد زملاء عبد المقصود فرصة وجود الوزير فأشادوا بحنكته وهنأوه على اختيار السيد جميل صلاح وكيلا للوزارة.

وعندما انفض الاجتماع في الساعة العاشرة مساء شعر المهندس عبد المقصود بإعياء شديد ووصل إلى البيت يجر قدميه جرا، ويردد في نفسه: "لقد كان حقا اجتماعا تعيسا" .

أسئلة للنقاش

1. ما رأيك في عدد الأعضاء المشاركين في الاجتماع 15 عضوا بما فيهم وكيل الوزير؟ ما العدد الأمثـل في نظرك لأعضاء لجنة من اللجان؟

2. عدد مظاهر الخلل في الاجتماع "موضوع الحالة" ؟

3. ماذا تقترح لتحسين الأداء في ذلك الاجتماع ؟

4. ما معايير فعالية عمل اللجان؟

5. هل مررت في حياتك العملية بتجربة كان الاجتماع فيها تعيساً ؟

6. هل مررت في حياتك العملية بتجربة كان الاجتماع فيها "ناجحاً"، ما ملامح هذه التجربة.

(د) نصــان

النص رقم (1)

"اجتمعوا وهم وقوف على اقدامهم ! "

اقرأ النص التالي وأجب عن السؤال الذي يليه :

المتطرفون من أعدائه كانوا يقولون فيه: "إنه رجل في عقله مسّ" ، فيرد المعتدلون من خصومه: "إنه مجرد مدير غريب الأطوار، عجيب القرارات" أما الموضوعيون من كل من عرفوه فقد كانوا يجزمون بالقول: "إنه لم يتول زمام إدارة أية مؤسسة، إلا وجعل جذورها تضرب في الأرض، فاشتد ساقها، وامتدت أغصانها وارفة ذات ظل ظليل، وتكاثر ثمرها، وازداد نضوجا، وأقبل الناس عليها.." .

وحين تولى عمله مديراً عاماً لآخر مؤسسة استقطبه ملاكها، وبعد أن لاحظ وراقب واستقصى، دعى رؤساء الدوائر والأقسام للقائه، وحين اجتمعوا إليه، قال لهم:

- في كل مؤسسة خبرت العمل فيها، وجدت عيبا يطفو على كل عيوبها، فثمة مؤسسة يشكل انتشار الإشاعة فيها شر عيوبها، وأخرى تحتل مقاومة التغيير مقدمة مساوئها، وثالثة تعتبر الصراعات من أهم سلبياتها، ورابعة يشكل تشويش الاتصالات أقبح عوراتها، أما مؤسستكم فشرّ ما فيها كثرة اجتماعاتكم !!

فقام من بين الحاضرين كهل تقوس ظهره، وتساقطت بعض أسنانه، وابيض شعر رأسه وشاربه، وقال هو يلثغ بالسين والصاد :

- هذه الاجتماعات هي الميزة الفضلى في مؤسستنا، إنها دليل الديموقراطية الصادقة، وأمارة روح الفريق الذي يسودنا، وعلامة على أننا نقلب الأمر على كافة وجوهه قبل اتخاذ القرار.

فقال المدير الجديد بهدوء :

- ما دمتم مؤمنين بفضائل اجتماعاتكم إلى هذا الحد، فلن أدعوكم إلى إلغائها، ولا إلى اختصار أوقاتها، أو تقليل عدد مراتها، ولن أعدد لكم مثالبها، ولن أشير إلى ما فيها من ارتجال، ولن أمسك بالآلة الحاسبة لأخرج لكم بالأرقام التي تدل على الوقت المهدور فيها، كل ما أطلبه منكم هو أن تعقدوا الإجتماعات وأنتم وقوف على أرجلكم.. !!

وصمت برهة، بعد أن سمع بعض التمتمات والغمغمات، ثم أردف يقول بحزم:

- بعد هذا اللقاء سأصدر أمراً مكتوباً بما طلبته منكم، وسأصدر تعليماتي بإزالة كافة المقاعد من قاعات الاجتماعات المتعددة، ولن يكون ثمة مجال للجلوس، وسوف أحاسب ضمن ما أملك من صلاحيات كل من يخرج عن روح هذه التعليمات.

أذعن له الجميع كارهين، وفي أول اجتماع مقرر في الإدارة المالية، اعتذر ثلاثة من رؤساء الأقسام عن الحضور بحجج واهية، وكانوا الأكبر سناً، والأقل قدرة على الوقوف لفترة طويلة. فاكتمل النصاب بالكاد، واجتمع الحضور وقوفاً، وحين طرح رئيس الاجتماع أول موضوع، التفت الجميع إلى رئيس القسم الذي اشتهرت عنه معارضته الدائمة لكل ما يطرح في الاجتماعات، لكن المعارض لم ينبس بكلمة، التزم الصمت، وأطرق عينيه لتلافي نظرات المجتمعين، لقد كان يدرك في دخيلة نفسه، كما كان يدرك الآخرون، أن معارضته لم تكن أكثر من وسيلة لتذكير الناس بوجوده، وهو لا يجد الآن داع لذلك، لأن أية معارضة غير جدية، ستطيل مدة مكوثة واقفا على قدميه.

ونظر المدير إلى رئيس القسم الآخر، الذي كانت عادته أن يؤيد أي اقتراح يتقدم به رئيس الاجتماع، ثم يأتي بحكاية يستمدها من ماضيه الطويل في العمل ليبرر تأييده، لكن هذا الآخر لم يتحدث أيضا، فقد خشي أن يطيل في حكايته فينهره الواقفون إذا تعبوا.

وهكذا كانت كل تعليقات وتعقيبات واستفسارات المجتمعين مختصرة بزبدة القول، دون إطالة أو إطناب، أو خروج على أصل الموضوع، أو ادعاء أو تظاهر، أو استغلال

للاجتماع في ممارسة هواية سرد الحكايات، وما هي إلا نصف ساعة، حتى انتهى الاجتماع، واتخذت القرارات، وتفرق الحضور، ليسعوا في أعمالهم.

- ناقش السؤال التالي :

ما الدلالات التي تخرج بها بعد قراءتك لهذا النص ؟

النص رقم (2)

موافقون دائماً !

وفي اجتماع إحدى اللجان التي ضمت كبار مديري المؤسسة، اقترح أحدهم في بداية الاجتماع، أن تحدد الموضوعات التي ستطرح في كل اجتماع مقدما، وتوزع بها مذكرة مكتوبة على أعضاء اللجنة، لدراستها قبل حضور الإجتماع، مما يحدد الأمور ويوضحها، ويوفر الوقت المهدور في الاستفسارات ويختصر الآراء الصادرة عن سوء الفهم، ووافق الجميع على هذا الاقتراح.

ثم قال أحد المجتمعين وهو يتمايل في وقفته من التعب :

- أقترح أن يصار إلى تحديد وقت معين لمناقشة كل موضوع، فإن ظهر أن الموضوع يحتاج لنقاش أطول تم التصويت على تمديد الوقت.

فأجمعوا على الموافقة، ثم قال مدير ثالث من المجتمعين وهو يرفع قدما ويتكئ على الأخرى:

- وتبعا لما تقدم، أقترح أن تكون هناك مدة محددة للإجتماع كله، فمشاغلنا كثيرة!

ووافق الحاضرون بالإجماع أيضا.

- ناقش السؤال التالي:

ما الدلالات التي تخرج بها بعد قراءتك لهذا النص ؟

(3) نموذج تقييم اجتماع

إعداد: أ.د. عبد الباري ابراهيم درة

إرشادات :

1. يرجى إعطاء رأيك بصراحة عن الاجتماع (أو اللجنة) الذي حضرته اليوم.
2. استخدم المقياس التالي الذي يبدأ بـ (1) ويعني أقل الدرجات وينتهي بـ (7) ويعني أعلى الدرجات، وذلك بوضع دائرة حول الرقم الذي يمثل رأيك بالنسبة للبند الأول من الاستبانة فقط .

بنود النموذج :

-1 ما رأيك في الاجتماع ؟

1 2 3 4 5 6 7

كان إضاعة للوقت ــــــــ حقق أهدافه بفعالية

-2 ماذا تقترح لكي تزداد فعالية الاجتماع ؟

أ-

ب-

ج-

د-

هـ-

و-

3- ماذا كان يمكن لقائد الاجتماع (رئيس اللجنة) أن يفعل ليزيد من فعالية الاجتماع؟

أ-

ب-

ج-

د-

هـ-

و-

4- ماذا كان يمكن أن تفعل أنت لتزيد من فعالية الاجتماع ؟

أ-

ب-

ج-

د-

هـ-

و-

(4) تمرين تطبيقي في إدارة الاجتماعات

إعداد أ.د. عبد الباري ابراهيم درة

الزميل ...

ارجو القيام بما يلي:

نظم اجتماعاً ترأسه لزملائك أو لمرؤوسيك ثم بالمهام التالية :

1- حضّر جدول اعمال للاجتماع يتناول قضايا او قضية ذات علاقة بعملك .

2- اتبع باختصار الخطوات الست الواردة في الفصل الثالث من هذا الكتاب من عملية معالجة الاقتراحات في الاجتماع.

3- كلف أحد اعضاء الاجتماع ليكون اميناً للسر للاجتماع واطلب اليه ان يعد محضراً مفصلاً وآخر مختصراً للاجتماع.

4- قيّم الاجتماع حسب نموذج تقييم الاجتماع الوارد في هذا الكتاب.

اتمنى لك التوفيق

الملحق رقم (1)

ثبت بالمصطلحات المتعلقة بالاجتماعات

والواردة في الكتاب

Glossary

إجتماع : Meeting

1. حسب رأي هنري روبرت هو تجمع رسمي لأعضاء منظمة ما في غرفة فيه نصاب لانجاز أعمال.

2. لقاء ثلاثة أشخاص أو أكثر وجها لوجه لتحقيق هدف معين أو أهداف معينة .

إجراءات برلمانية Parliamentary Procedures

هي الإجراءات الإدارية التي تطبقها جمعية نقاشية (Deliberative Assembly)، ويضاف إليها أيـة قواعد أخرى ترى الجمعية أن تتبناها. وهي تعني في هذا الكتاب القواعد التنظيميـة التـي وضـعها هـنري روبرت للاجتماعات.

اعتراض لبحث موضوع Objection to the consideration of a question

يرمي عضو من المجتمعين من اعتراضه على بحث موضوع مـا (اقتراح مـا) الى منـع المجتمعـين بحث الموضوع/ الاقتراح لانه يرى انه غير ذي صلة بالنقاش، وغير مريح ويثير المشكلات.

أعضاء بحكم مناصبهم (Ex-officio members)

أعضاء كاملو العضوية في اجتماع بحكم المناصب التي يتقلدونها، وهذا يعني حقهم في المناقشـة والتصويت، ما لم ينص النظام الداخلي في مؤسسة ما على غير ذلك .

إستراحة Recess

إيقاف الاجتماع لمدة قصيرة .

إقتراح Motion

هو عرض يتقدم به رسمياً عضو إلى اجتماع ويطلب فيه من المجتمعين اتخـاذ موقـف أو إجـراء معين نحوه .

اقتراح ثانوي   Secondary Motion

مصطلح عام يضم الاقتراحات الفرعية والمميزة والعرضية وهي اقتراحات تقدم عنـدما يكـون الاقتراح معلقاً Pending أي موضع بحث ولم يبت فيه.

إقتراح رئيسي   Main Motion

اقتراح يطرح قضية أمام المجتمعين، وهو نقطة بداية لكي يتخذ المجتمعون قراراً بشـأن هـذه القضية المطروحة.

إقتراح رئيسي أصلي   Original main motion

اقتراح يعرض عـلى المجتمعين قضية جديـدة، واحيانـاً في شـكل قـرار، ويفضـل أن يخرجهـا المجتمعون إلى حيز الوجود.

إقتراح رئيسي عرضي   Incidental main motion

اقتراح رئيسي ذو علاقة عارضة غير قوية بعمل المجتمعين، وقد يكون لها توجه إلى الماضي أو آخر إلى المستقبل.

إقتراح عرضي   Incidental motion

هـو مـن أنـواع الاقتراحـات الثانويـة، وهـو اقتراح ذو علاقـة بـامور ذات طبيعـة عرضية لادارة الاجتماع اكثر منها بالاقتراح الرئيسي ويمكن أن يقدم في أي وقت عندما تنشأ الحاجة واقتراح نقطـة نظـام (Point of order) مثال على الاقتراحات العرضية .

إقتراح فرعي   Subsidiary motion

اقتراح يساعد المجتمعين على معالجة اقتراح رئيسي، ويكون ترتيبه بأنه يبدأ عنـدما يصـوغ ويقـر رئيس الجلسة الاقتراح الرئيسي وحتى يبدأ الرئيس بأخذ الأصوات على ذلك الاقتراح، ومـن الأسـاليب التـي يستخدمها مقدم الاقتراحات الفرعية الاقتراح بتعديل (Amend) الاقتراح الرئيسي او الاقتراح بإحالة الموضوع (Refer) إلى لجنة.

إقتراح مميز (اقتراح له الاسبقية على سائر الاقتراحات) Privileged motion

اقتراح لا علاقة له بالاقتراح الرئيسي أو العمل المعلق (Pending) الذي لم يبت فيه بعد، ولكنه اقتراح ذو علاقة مباشرة بالأعضاء أو المؤسسة، وذو طبيعة عاجلة (Urgency) بحيث يستطيع مقدمة ان يوقف أي عمل دون نقاش، ومن الأمثلة على ذلك الاقتراح بالتأجيل (Adjourn) .

أكثرية (Majority)

تعني في التصويت ما يزيد على نصف الأصوات التي طرحت

إمتناع عن التصويت (Abstention)

عدم إعطاء صوت سواء بالايجاب أو النفي .

تأجيل اجتماع Adjournment

انهاء اجتماع

تأجيل اجتماع لأجل غير محدود (Adjournment Sine die (Indefinitely

تلفظ (سايني دي) وهي كلمة لاتينية تعني "دون تحديد يوم"، وتعني تأجيلاً نهائياً لاجتماع أو مؤتمر . ان الاقتراح الذي يقدم بهذا المعنى ينهي الاقتراح الرئيسي في الجلسة ولا حاجة للمجتمعين للتصويت على الاقتراح المقدم.

تأجيل اجتماع لاجل محدود (Postpone definitely (to a certain time

ويعني التأجيل لوقت آخر مستقبلاً، فاذا شعر المجتمعون انهم في حاجة الى مزيد من الوقت لاتخاذ قرار بشأن الاقتراح المقدم، فان الاقتراح بالتأجيل لوقت محدد هو الجواب. وإذا كان المجتمعون يلتقون كل ثلاثة شهور (Quarterly) مرة او أكثر من مرة في السنة فإن التأجيل لاجل محدود يجب ان لا يتجاوز الجلسة التالية.

تعادل الاصوات Tie vote

تساوي الأصوات المؤيدة والمعارضة، وإذا كانت الاغلبية هي المطلوبة فان الاقتراح يسقط.

التصويت Vote

وهو تعبير عضو اجتماع رسمياً عـن ارادتـه او رأيـه او خيـاره فيمـا يتعلـق بقضـية مـن القضـايا المطروحة للنقاش.

للتصويت أساليب هي :

1. التصويت الشفوي (بالصوت)   (Voice vote – viva voice)
2. التصويت برفع الايدي   (Show of hand vote)
3. التصويت وقوفاً   (Rising vote)
4. الاقتراع السري   (Ballot vote)
5. التصويت بحسب الإسم (نداء بالإسم)   (Roll call vote)
6. التصويت بالبريد   (Taking a vote by mail)
7. التصويت الالكتروني   (Taking a vote by E mail)

تصويت بالإنابة Proxy vote

تفـويض مكتـوب مـن عضـو إلى عضـو آخـر في الاجـتماع بالتصـويت بالنيابة عنـه ولا يسـمح بالتصويت بالإنابة إلا إذا نص النظام الداخلي على ذلك .

تعديل (اقتراح) Amendment

هو اقتراح يتقدم به عضو لتغيير اقتراح يبحث

ثنّى (على اقتراح) Second

إقرار علني من جانب عضو من أعضاء الاجتماع أن الاقتراح الـذي قدمـه عضو آخـر يجب أن يعرض أمام المجتمعين لبحثه ولا يعني التثنية على اقتراح ان العضو المثنِّي يوافق على الاقتراح المقدم .

جدول أعمال   Agenda

الكلمة الانجليزية هي كلمة لاتينية وتعني الاشياء التي ستنجز، ومن ثم فانه يعني ترتيب تتابع

فيه البنود التي ستعالج في اجتماع وثمة مصطلح مرادف وهو ترتيب الأعمال   (An Order of Business)

جمعية (نقاشية)   Assembly

مجموعة من الأشخاص يجتمعون معاً ليناقشـوا بحريـة قضـايا معينة ويتخـذوا قـرارات تصبح

قرارات المجموعة. وقد تكون مرادفة لجمعية نقاشية   (Deliberative Assembly)

جلسة   Session

الجلسة هي اجتماع بالمعنى الـوارد سابقاً أو عـدد مـن الاجتماعـات كـما يحـدث في المـؤتمرات

الكبيرة.

رئيس الجلسة   Chair (Presiding officer)

هو الشخص الذي يرأس ويدير اجتماعاً ما، ونعني بـه ايضاً رئـيس (مـدير) المؤسسـة إذا تـرأس

الاجتماع .

سحب اقتراح   Withdraw of a motion

طلب من العضو الذي قدم الاقتراح بعدم بحثـه مـن المجتمعـين، وعنـدما يقـوم رئـيس الجلسـة

بعرض الموضوع للنقاش فان المجتمعين هم الذين يمتلكون الاقتراح، ومن ثم فإن الأمر يحتاج إلى مـوافقتهم

بالاكثرية لسحب الاقتراح .

قبول اقتراح   Acception

تبني اقتراح .

قواعد روبرت التنظيمية في إدارة الاجتماعات   Robert's Rules of Order

مصطلح يستخدم للاشارة إلى القواعد التنظيمية (الاجرائية) التي وضعها هـنري م. روبرت (Henry M. Robert) في كتابه عن تلك القواعد او الإجراءات البرلمانية لادارة الاجتماعات أو الكتب التـي الفت عن تلك القواعد .

لجنة   Committee

مجموعة من الأشخاص يعينون او ينتخبون لإنجاز مهمة محـددة، والمهمـة المحـددة قـد تتعدد فتشمل التحقيق او تقديم توصيات او اقتراح خطة عمل .

لجنة دائمة   Standing Committee

هي لجنة دائمة (Permanent) ينص عليها النظام الداخلي للمؤسسة للقيام بوظائف مستمرة.

لجنة مؤقتة (خاصة)   Ad hoc Committee

هي كلمة لاتينية تعني "لهذا الغرض فقط" ، وتعني هنا لجنة خاصة شكلت لغرض خاص.

لجنة من الجميع   Committee of the Whole

وهو ترتيب يتحول فيه جميـع أعضـاء الاجتمـاع (الجمعيـة) الى لجنـة تبحـث اقتراحاً أو قضية بشكل غير رسمي. وفي هذه الحالة يتنحى رئيس الاجتماع ويعين آخر ليدير الاجتماع. ويؤخذ بهذا الترتيـب في الاجتماعات (الجمعيات) الكبيرة.

محضر   Minutes

سجل مختصر ورسمي لما تم في اجتماع ما، ويتضمن مـا جـرى في الاجتمـاع ومـا اتخـذ فيـه مـن قرارات، ويتضمن المحضر أيضا مكـان الاجتمـاع والوقت الـذي عقـد فيـه الاجتمـاع والحـاضرين والغـائبين والمعتذرين عن عدم الحضور.

ألمطرقة   Gavel

مطرقة صغيرة يستخدمها رئيس الاجتماع بضربها مرة أو مرتين لبدء اجتماع أو إنهاء اجتماع .

مكان الاجتماع   Floor

وتعني اصطلاحاً حق العضو في أن يتكلم وان يخاطب المجتمعين وتستخدم معها كلمات مثل تحدث (Obtain the floor) أو انبرى يتكلم (To take the floor)

ملكية اقتراح   Ownernership of a motion

مفهوم يعني جهة امتلاك (حيازة) اقتراح ما في وقت ما، ومن ثم من له الحق في تغييره. ومن النموذج الذي طرحناه عن الخطوات الست في عملية معالجة الاقتراحات في الاجتماعات فإن مقدم الاجتماع هو الذي يملكه حتى الخطوة الثالثة، وبعد هذه الخطوة فإن المجتمعين هم الذين يملكون الاقتراح.

موضوع معلق   Pending question (On the Floor)

موضوع موضع بحث ويناقشه المجتمعون في الاجتماع.

موضوع معلق فوراً   Immediately pending question

هو موضوع يجب أن يبحث فوراً وقبل البت في أي موضوع آخر موضع البحث.

النصاب   Quorum

توفر حد أدنى من الأعضاء الذين لهم حق حضور الاجتماع حتى يمكن تسيير الاعمال في الاجتماع

النظام الداخلي   Bylaw

وثيقة تصدرها مؤسسة ما تتضمن القواعد التي يجب أن تراعى في العمل وعادة ما يصدر النظام الداخلي من أعلى هيئة في المؤسسة أو من سلطة أعلى من المؤسسة نفسها.

فالنظام الداخلي لمجلس النواب الأردني مثلاً يصدر عن رئاسة الوزراء ويصادق عليه جلالة الملك.

النقاش Debate

هو المناقشات الرسمية لصالح أو معارضة اقتراح مقدم ويحدث النقاش كخطوة تقع بعد أن يعرض رئيس الاجتماع اقتراحاً ما وقبل التصويت عليه. ويسمى في مجلس النواب الأردني "الكلام" .

نقطة امتياز Point of Privilege

طلب من عضو من المجتمعين ان يعيروا اهتمامهم فوراً لموضوع يؤثر على الأعضاء مثل سلامتهم أو راحتهم .

نقطة معلومات Point of Information

طلب عضو من رئيس الاجتماع ان يزود المجتمعين بمزيد من المعلومات (لا تتعلق بالقواعد التنظيمية للاجتماع) .

نقطة نظام Point of order

عبارة يقولها عضو في اجتماع عن احتمال مخالفة للقواعد التنظيمية. وهذا يتطلب من رئيس الاجتماع مراعاة تلك القواعد .

الملحق رقم (2)

مسرد بمصطلحات في الاجتماعات والمؤتمرات *

* تمت الاستعانة بمعجم مصطلحات المؤتمرات الصادر عن منظمة اليونسكو عام 1978 (الطبعة الثانية المنقحة)

الكلمة الانجليزية	الترجمة بالعربية

A

Abstention	الامتناع (عن التصويت)
Declared --s will be reckoned, taken into account	سيؤخذ في الاعتبار عدد الممتنعين عن التصويت
To accredit	اعتمد
-- a representative	اعتمد ممثلا
Act	
Final --	الوثيقة الختامية (للمؤتمر)
To -- as ...	قام بوظائف
Action	
Addendum, addend.	ضميمة (ج : ضمائم)
Address	خطبة ، كلمة
To deliver an - , a speech	خطب ، ألقى خطبة / كلمة
Inaugural --, opening --	خطبة افتتاحية
To adjourn	تأجل
To decide -- , to postpone	قرر التأجيل
Adjourned	مؤجل
To stand --	تأجل
Adjournment	رفع الجلسة
The-- sine die	التأجيل لأجل غير مسمى
To move (propose) the -- (the postponement) of the session	إقتراح إرجاء الدورة
Adoption	
-- of a resolution	إعتماد قرار
Advance	
-- notice	اخطار سابق

Advise	
To consider and -- on .. , to give a considered opinion on	أبدى الرأي مسببا في ...
Agenda	جدول الأعمال
To adhere (to keep) to the --	التزم جدول الأعمال
To adopt the -- (provisionally)	وافق مؤقتا على جدول الأعمال
Adoption of the --	إقرار جدول الأعمال
Allocation of -- items	توزيع بنود جدول الأعمال
Annotated --	جدول أعمال مشروح
To appear on the --	ورد في جدول الأعمال
Approved --	جدول الأعمال المعتمد
To delete, to remove from the --	حذف من جدول الأعمال
To draw up the --	أعد جدول الأعمال
Item on the --	بند في جدول الأعمال
To make an addition to the --, to add a new item to the --	أدرج بندا اضافيا في جدول الأعمال
To overload the --	أثقل جدول الأعمال
To place on, to include in the --	أدرج في جدول الأعمال
To place at the end of the --	أدرج في نهاية جدول الأعمال
Provisional --	جدول الأعمال المؤقت
Revised --	جدول الأعمال المنقح
Aide-memoire	**مفكرة -مذكرة**
Amend(to)	**عدّل**
As -- ed	بصيغته المعدلة
Amendment	تعديل
-- to an--	تعديل التعديل، تعديل فرعي
The --furthest removed in substance from the original proposal	أكثر التعديلات بعدا عن الاقتراح الأصلي من حيث الجوهر
Consequential--	تعديل تبعي، تعديل يستلزمه قرار سابق
Draft--submitted jointly by	مشروع تعديل مشترك مقدم من

To introduce an --, to move an--	قدم أو اقترح تعديلا
To oppose an--	عارض تعديلا
To pass an--	أقر تعديلا أو وافق على تعديل
To present (submit) an--in writing	قدم تعديلا مكتوبا
Receivable--	تعديل مقبول شكلا
Ante-penultimate	
--,last but two	قبل الأخير باثنين
To appeal	
--against the chairman's ruling	استأنف قرار الرئيس
--to	ناشد
--to the chairman	احتكم إلى الرئيس
Appreciation	
Expresses its --for	يعرب عن تقديره لـ
Approval	
--,consent	موافقة
Subject to--	بشرط موافقة
To note, take note with--, with satisfaction	أخذ علما بارتياح
Without --or dis --	دون موافقة أو رفض
Arrangements	
Approved for consultative--	مقبولة في نظام التشاور
To make suitable--	اتخذ التدابير اللازمة
Article	مادة
To invoke an--	استند الى مادة
As	
--from…	اعتبارا من
--of…	
Assembly	
--hall, conference hall	قاعة الاجتماعات
Constituent--	جمعية تأسيسية

General--	جمعية عامة
Legislative --	جمعية تشريعية
To assign	
--(a task) to a committee, to entrust a committee	عهد الى لجنة (بمهمة ما)
with	كلف لجنة (بعمل ما)
--(someone) to a post	عين (شخصا) في وظيفة ما
To associate	
--oneself with, to concur in, to endorse, to	أيد (وجهة نظر) ... ،
subscribe to (a point of view)	انظر الى (وجهة نظر) ... ،
	شاطر .. .الرأي
Attendance	حضور
--list	قائمة الحضور
--sheet	كشف اثبات الحضور
Attention	
To call (draw) --to, to draw the--of...to	استرعى الانتباه/ النظر اليه
	وجه عناية ... الى
To attribute	
--a statement	أسند/ نسب التصريح (الى)...
Audience	مقابلة (شخصية كبيرة)
To grant an--	أذن بمقابلة ، استقبل
Authorize (to)	
--s the Director- General	يرخص للمدير العام
Duly-d	مفوض قانونا
I am –d by my government to...	فوضتني حكومتي في
Award	قرار التحكيم
Awareness	
In order to promote--of the need for	تدعيما للوعى بضرورة

B

Ballot	اقتراع
Additional--	اقتراع اضافي ،
Second--	اقتراع ثان
- booth	مقصورة الاقتراع
- box	صندوق الاقتراع
- (voting) for a list of candidates	اقتراع لاختيار قائمة مرشحين
- (voting) for a single candidate	الاقتراع الفردي
-paper, voting paper, voting slip	بطاقة اقتراع
Blank- paper, blank voting paper	بطاقة اقتراع بيضاء/ خالية
Invalid--s, voting papers	بطاقات اقتراع باطلة
Single--	اقتراع في دور واحد
Successive--s	اقتراعات متتالية
To declare a--, a vote to be final	أعلن أن التصويت نهائي
To declare the—(vote) closed	أعلن اقفال باب التصويت
To hold a second --	أجرى اقتراعا ثانيا
To invalidate his –paper	أبطل بطاقة اقتراعه
Valid-(voting) papers	بطاقات اقتراع صحيحة
Biennium	**فترة العامين**
Board	
--,country's name plate, place-marker	لافتة باسم الوفد (أو الدولة)
--of Directors, Governing Body	مجلس الادارة
--of governors	مجلس المحافظين
--of Trustees	مجلس الأمناء
Body	
--, organ	هيئة
Appropriate--	الهيئة المختصة

Auxiliary--, subsidiary-- , subordinate	هيئة فرعية أو تابعة
Governing –(ILO)	مجلس الادارة
Governing--ies	هيئات رئاسية
Legislative--ies	الهيئات التشريعية
(of international organizations)	
National co-operating-ies	الهيئات الوطنية المتعاونة
Parent--	الهيئة الأصلية أو الرئيسية
Policy-making -	هيئة رسم السياسة، هيئة التوجيه
Small--of experts	هيئة محدودة من الخبراء
Standing--	هيئة دائمة
Superior--	هيئة عليا
Technical--	هيئة فنية
Bold	مقصورات
Briefing	
--, instructions	توجيه، تعليمات، معلومات عن موضوع معين
- meeting	اجتماع توجيهى
Bulletin	
(Daily)-	نشرة (يومية)
Business	
Other --	موضوعات أخرى، ما يجد من أعمال
There being no further--	نظرا للانتهاء من جدول الأعمال
Unfinished--, items held over till a later meeting (or session)	المسائل المؤجلة لجلسة (أو دورة) لاحقة
Buzz	
- group	جماعة الهمس

C

Call (to)	
-- ed upon to	مدعو إلى

I – upon, I give the floor to , I recognize (USA)	أعطى الكلمة لـ
To – upon	دعا ، ناشد
To – (convene, convoke, summon) urgently	دعا الى اجتماع عاجل
Calling	
First and second --	المناداة الأولى والثانية (بأسماء المندوبين)
Capacity	**بوصفه ، بصفة**
-of a legal person (FAO)	الشخصية القانونية
In an advisory-, as a consultant	بصفة استشارية، بوصفه مستشارا
In an official-	بصفة رسمية
In a private-, in an individual	بصفة شخصية
In a quasi- official, semi- official-	بصفة شبه رسمية
In an unofficial-, informally	بصفة غير رسمية
I speak in my- of...	أتكلم بوصفي ..
Chair	
The-, Chairmanship, Presidency	الرئاسة، منصب الرئاسة
Please address the-	المرجو توجيه الكلام إلى الرئيس
To give up the -, to renounce the office of chairman	تخلى عن منصب الرئاسة
To take the-, to occupy, the--	شغل منصب الرئاسة
Chairman (see: President)	**رئيس**
Acting--,	رئيس بالنيابة أو بالانابة
--of the Executive Board, of a commission, committee , etc. (Unesco)	رئيس المجلس التنفيذي، رئيس لجنة الخ
Madam-	السيدة الرئيسة
Non-voting	رئيس لا يشترك في التصويت
Retiring, outgoing -	الرئيس الخارج أو المنتهية مدته
Vice--	نائب الرئيس

To be in the hands of the--, to leave the matter	فوض الأمر للرئيس،
to the -'s decision	
To bow to the-'s decision	أذعن لقرار الرئيس
To challenge the -'s ruling decision	اعتراض على (طعن في) قرار الرئيس
To give up the Chair, to renounce the office of-	تخلى عن (منصب) الرئاسة
To invoke the-'s authority	لجأ الى سلطة الرئيس
The- shall rule on points of order	بيت الرئيس في نقاط النظام
Challenge	
To-the result of the vote	طعن في (اعترض على) نتيجة التصويت
Channels	
Through official -	بالطريق الرسمي
Through the same -	بالطريق ذاته
Charge	
To put.. in – of the secretariat	كلف .. بأعمال الأمانة / السكرتارية
Charter	**ميثاق**
Circular	**منشور**
-- letter	خطاب دوري
Clarification	
On a point of- ; for-	للايضاح
To clarify	
--(to explain) one's position, to give explanations	أوضح موقفه، قدم ايضاحات
Clause	**شرط، حكم، نص**
Escape -	شرط تخلصى
Hedge -	شرط وقائي
Standard -	شرط مألوف / موحد
Code	
- number	رقم / رمز (الوثيقة)

Comment	
-, commentary, remark	تعليق، ملاحظة
Commission	
-, committee	لجنة
Conciliation-	لجنة التوثيق
A proposal submitted to the-	اقتراح معروض على اللجنة
Committee	
Ad hoc-, commission, (sometimes: special-)	لجنة خاصة
Advisory-	لجنة استشارية
The-is in session, is holding a sitting, is sitting	اللجنة منعقدة
-of enquiry	لجنة تحقيق
-of the whole	لجنة جامعة
--s governed by statutes..	لجان خاضعة للأنظمة
Co-ordination-	لجنة التنسيق
Credentials -	لجنة فحص أوراق الاعتماد
Drafting -	لجنة الصياغة
Finance-	اللجنة المالية
General- of the General Conference (Unesco)	مكتب المؤتمر العام
Hospitality- , Welcome--	لجنة الاستقبال، لجنة الضيافة
Interim--	لجنة مؤقتة
Joint- , mixed -	لجنة مشتركة، لجنة مختلطة
Joint-with equal representation, bipartite -	لجنة مشتركة متعادلة
Legal -	اللجنة القانونية
Liaison -	لجنة الاتصال
Main -	لجنة رئيسية
Membership -	لجنة العضوية

Negotiating -	لجنة التفاوض
Nominations -	لجنة الترشيحات
Preparatory -	لجنة تحضيرية
Rules -	لجنة اللوائح أو الأنظمة
Small -	لجنة صغيرة أو محدودة
Standing -	لجنة دائمة
Steering -	لجنة التوجيه
Sub--, sub- commission	لجنة فرعية
To appoint/ constitute a--	شكل لجنة
To establish, to set up a--	أنشأ لجنة
To sit on a -	اشترك في أعمال لجنة (عضوا فيها)
Competence	
Beyond the – (purview) of	مجاوز حدود الاختصاص
To challenge the -	دفع بعدم الاختصاص
To define the (to specify the terms of reference)	حدد اختصاصات اللجنة
of the committee	
Composition	
-- of the conferene	تشكيل المؤتمر
Compromise	
--proposal	اقتراح توفيقي، اقتراح بحل وسط
Concurrence	
With the – of the Executive Board	بموافقة المجلس التنفيذي
Conduct	
The actual-of the voting	طريقة اجراء الاقتراع
--of business of the debate	سير العمل، ادارة النقاش
Confidence	
Expresses its -	يعرب عن ثقته
Conformity	
To secure- between the texts	ضمن تطابق النصوص

Conscious

- , aware of, mindful of

إدراكا منه لـ ، اذ يدرك

Consensus

الرأي المتفق عليه، اتفاق الآراء، اجماع الرأي

The – approved by the Governing Council of

UNDP

وثيقة الاجماع التي أقرها مجلس ادارة برنامج الأمم المتحدة

للتنمية

Consent

General -

موافقة عامة

Tacit -

موافقة ضمنية

To submit that the matter be decided by general –

without recourse to a formal vote (FAO)

اقتراح الفصل في المسألة بالموافقة العامة وبدون الالتجاء إلى

تصويت رسمي

Unanimous-, approval

موافقة إجماعية

Consider (to)

--ed opinion

رأي مدروس

-ing , taking into account

نظرا لـ ، اذ يضع في اعتباره

-s

يرى ، يعتبر

Having –ed, having examined

وقد درس / بحث

Consideration

Commends for the favourable- of…

يوصى بأن يحظى بعناية

-- of applications

فحص طلبات الانضمام

For- under item (c) of the agenda

لبحثه في اطار البند (جـ) من جدول الأعمال

To suggest for- by the commissions, to refer to

the commissions

عرض (أحال) على اللجان للبحث/ للنظر/ للدراسة

Under discussion, under -

قيد البحث أو المناقشة

To consult

- together

تشاور

Consultation

After – with

بعد التشاور مع

-s

مشاورات

Controversial

خلافي

To convene

--, to summon   استدعى

- a meeting   دعا الى عقد اجتماع

Convention   اتفاقية

The- remains open to all States for signature and   يظل باب التوقيع على الاتفاقية والانضمام اليها مفتوحا

acceptance (and accession)   لجميع الدول

Initial term of a-   المدة الأصلية لسريان الاتفاقية

Instrument of accession to a-   وثيقة الانضمام إلى اتفاقية

Signatory to a-   موقع على اتفاقية

To accede to a-, to adhere to a-   انضم الى اتفاقية

To denounce to a-   انسحب من اتفاقية، نقض اتفاقية

To ratify a-   صدق على اتفاقية

Copy   نسخة

Certified true -   صورة طبق الأصل معتمدة

Master -   نسخة أصلي

Corrigendum (a)   تصويب

Co-sponsor (of a draft resolution)   أحد مقدمى (مشروع قرار ما)

Country

Host -   البلد المضيف

Inviting -   البلد الداعي

Recipient -   البلد المستفيد

Covenant   عهد

Credence

To deliver one's letters of -   قدم أوراق اعتماده

Credentials

-, letter of credence   أوراق الاعتماد، وثائق الاعتماد

Examination of -   فحص أوراق الاعتماد

Submission of -   تقديم أوراق الاعتماد

To issue -

	أصدر أوراق الاعتماد
Valid -	أوراق اعتماد صحيحة
Cross-reference	**إحالة مزدوجة**

D

Date	
Opening – (of a session)	تاريخ افتتاح (الدورة)
Day	
Normal working -	يوم العمل العادي
Working -	يوم عمل
Dead	
It is a – issue	مسألة فقدت أهميتها
Deadline	
- (the latest date) for the submission of …	آخر موعد لتقديم …
Deadlock	
-, stalemate	مأزق، توقف تام، تعذر مواصلة النقاش
Debatable	**موضع المناقشة، محل نظر**
Debate	
Opening of the -	فتح باب المناقشة
To adjourn, to postpone – (the sitting, the discussion)	أرجأ المناقشة/ الجلسة
To close the -	أقفل باب المناقشة
To declare the – (the discussion) open	أعلن فتح باب المناقشة
To interrupt (to suspend) the – (the meeting)	أوقف المناقشة / الجلسة
To intervene (to speak) in the --	اشترك في المناقشة
To move the closure of the -	اقتراح إقفال المناقشة
To resume the --	استأنف المناقشة

Vote without -	تصويت بلا مناقشة
Debater	
-, speaker	متحدث، خطيب
Debriefing	استخلاص معلومات (من الخبير عن مهمته)
Decision	
Binding -, mandatory -	قرار ملزم
- (Executive Board), resolution (General Conference)	قرار
To abide by a -	التزم قراراً، أمتثل لقرار
To rescind a -	ألغى قراراً
To take a – on	اتخذ قراراً بشأن، بت في
Deletion	حذف
Deliberations	
-, proceedings	مداولات
Desiring	إذ يرغب، إذ تحدوه الرغبة حرصاً منه على
Direct (to)	
-s, instructs	يكلف، يوجه، يأمر
Director – General	المدير العام
Acting -	المدير العام بالإنابة
Assistant -	مساعد المدير العام، مدير عام مساعد (الفاو)
Deputy -	نائب المدير العام
To discard	
-, to exclude a question	استبعد المسألة
Discussion	
- group	فريق مناقشة (ج: أفرقة)
The – shall be deferred at the request of any Member State	ترجأ/ تؤجل المناقشة إذا طلبت ذلك أي دولة عضو
To initiate a -, to start, to open a -	بدأ المناقشة، شرع في مناقشة
To keep to the point under –	التزم موضوع المناقشة

Dissent	
The draft resolution was adopted without -	اعتمد مشروع القرار دون معارضة
He wishes his – to be recorded	طلب إثبات معارضته في محضر الجلسة
Document	**وثيقة**
Appended -	وثيقة مرفقة
Basic -, background paper	وثيقة أساسية، وثيقة معلومات أساسية
Classification of -s	تصنيف الوثائق
Confidential -	وثيقة سرية
-s officer	موظف الوثائق
One complete set of –s	مجموعة كاملة من الوثائق
To draft, to draw up a -	حرر وثيقة، أعد وثيقة
Working paper/-	ورقة عمل، وثيقة عمل
Draft	
Amended -	مشروع معدل
First, preliminary -	مشروع أولي
Original – (of a text)	المشروع الأصلي (لنص ما)
Duplication	
-, overlapping	ازدواج، تكرار، تداخل
Duties	
- of the Secretariat	مهام الأمانة، مهام السكرتارية

E

Elected	
To declare -	أعلن أن... قد انتخب
Election	
To investigate the circumstances of an -	أجرى تحقيقاً في انتخاب

To stand for -	تقدم للانتخابات، رشح نفسه
Emergency	
- committee	لجنة الطوارئ
- measures	اجراءات الطوارئ
Emphasis	
Shift of -	تحول مركز الاهتمام
Emphasize (to)	
-s that (operative part of a resolution)	يؤكد أن ينوه بأن (منطوق القرارات)
Endorse (to)	
-s	يؤيد، يقر
To – the opinion of the experts	أيد رأي الخبراء
Enquiry	
To make an -	أجرى تحقيقاً
To order an -	أمر بإجراء تحقيق
To entrust	
-a committee with, to assign (a task) to a committee	عهد إلى لجنة (بمهمة ما)
Exception	
By – (derogation) to article ...of the rules	استثناء من المادة... من النظام

F

Fact-finding	
- committee	لجنة لتقصي الحقائق
- mission	بعثة لتقصي الحقائق
To file	
- with the Director-General a statement that ...., to inform the DG in writing that....	أبلغ المدير العام كتابة بأن..
Findings	نتائج

Floor	
I ask for the – (USA), I ask to speak	أطلب الكلمة
Proposed from the -, proposed in the course of the meeting	مقترح (من أحد الأعضاء) في أثناء الجلسة
The representative of ….has the-, I call upon the representative of	الكلمة لممثل
To speak from one's place, to speak from the -	تكلم من مكانه
To take the – (USA), to address the meeting	أخذ الكلمة
Follow-up	
- action	تدابير متابعة
Force	
To come into-, into operation	أصبح نافذاً أو سارياً
Formal	**رسمي، طبقاً للأوضاع الرسمية**

G

Gallery	
Distinguished strangers -	شرفة كبار الزوار
Press -	شرفة الصحافة
Public -	شرفة الجمهور
Gratification	
Expressing -, expressing its satisfaction (preamble of a resolution)	إذ يعرب عن ارتياحه (ديباجة القرارات)
Group	
Study -	فريق دراسة (ج: أفرقة)

H

Hall	
Equipment of the -, fitting up to the-	تجهيز القاعة

Main - of the Conference building	الردهة الرئيسة بمبنى الاجتماعات
Heading, title	عنوان
Sub ---	عنوان فرعي
Headquarters	مقر المنظمة
-, seat of the Organization	
Hearing	**جلسة استماع**
Request an oral -	طلب الاستماع لأقواله

I

Immunity	**الحصانة**
- from suit	الحصانة القضائية
To implement	
-, to apply, to put into effect	طبق
-, to carry out to execute	نفذ
Implementation	
-, application, execution, carrying out	تنفيذ أو تطبيق
Implications	
Administrative and financial -	المتضمنات (الآثار) الإدارية والمالية
Inasmuch	
-, whereas, considering(preamble of resolutions)	حيث أن، لما كان
Inclusion	
- (of supplementary items in the agenda	إدراج (موضوعات إضافية في جدول الأعمال)
Incompatibility	
- of duties	تعارض الوظائف
To Inform	
-, to notify	**أخطر، أبلغ، أحاط.... علماً بـ**
Information	
Advance -	معلومات مسبقة

- desk	مكتب الاستعلامات
- paper (document)	وثيقة إعلامية
Public -	إعلام الجمهور
Infringement	**إخلال، مخالفة**
Initiative	**مبادأة، مبادرة، روح المبادأة أو المبادرة**
To take the -	أخذ زمام المبادرة
Initial (to)	**وقع بالحروف الأولى**
Insertion	**إدراج، تضمين**
Instruct (to)	
My government –ed me to…	كلفتني حكومتي...
Instrument	
- of acceptance	وثيقة القبول
International -	وثيقة دولية
Intent	
Declaration of-;	إعلان النية، خطاب
Letter of-	إعلان النية
Interpretation	**الترجمة الشفوية/ الفورية**
Consecutive -	الترجمة التتبعية
A matter of-, moot point, a debatable point	مسألة نقطة أخلاقية
Simultaneous -	الترجمة الفورية
Whisper -	الترجمة الهمسية
Interpreter	**مترجم فوري**
Interval	
To meet at regular –s, to meet periodically.	اجتماع بصفة دورية
To invalidate	**أبطل**
Invitation	
To accept an -	لبى، قبل دعوة
Invites, requests	يدعو، يطلب من (منطوق القرارات)

Irrelevant

-, not to the point, beside the point, not pertinent   خارج عن الموضوع

Issue

-, question, problem   مسألة، قضية، مشكلة

A legal -   مسألة قانونية

Item

Agenda -   بند في جدول الأعمال

Budget -   بند الميزانية

K

To keep

- to the point under discussion   التزم موضوع المناقشة

Know-how   مهارة، ادارية

Technical -   دارية التقنية

L

Language

- department   قسم اللغات

Official –s   اللغات الرسمية

Partial use of a -   الاستخدام الجزئي أو المحدود للغة ما

Working –s   لغات العمل

To look

- forward to   تطلع إلى

Lot

By -   بالقرعة

To draw –s   أجري بالقرعة

M

Maintenance	
- of order	حفظ النظام في القاعة
Majority	**أغلبية، أكثرية**
Absolute -	أغلبية مطلقة
Distributed -	أغلبية مشروطة التوزيع
The – is obtained	حصل (الاقتراح) على الأغلبية (المطلوبة)
Qualified-(three fourths, two thirds-)	أغلبية مشروطة/ خاصة (الثلاثة الأرباع، الثلثان)
Relative -	أغلبية نسبية
Required -	الأغلبية المطلوبة
Simple -	أغلبية بسيطة
Matter	
To raise an incidental -	أثار مسألة عرضية أو عارضة
Measures	
Administrative -	تدابير إدارية
Meeting	
Categories of -	فئات الاجتماعات
Closed -, session; - in camera	جلسة سرية أو مغلقة
Closing -	جلسة ختامية
Extraordinary -	اجتماع غير عادي
Formal opening -	جلسة الافتتاح الرسمية
Open-, public-	جلسة علنية
Panel-	جلسة أخصائيين
Plenary -, plenary session, plenary assembly	جلسة عامة
Preparatory-	اجتماع تحضيري
The president ruled that the debate should be continued in a private -	قرر الرئيس مواصلة النقاش في جلسة خاصة

Private -	جلسة خاصة أو مغلقة
To address a -	خطب في اجتماع
To adjourn the -	رفع الجلسة
To call the – to order, to open the -	أعلن افتتاح الجلسة
To hold a -, to sit, to be in sitting, in session	عقد الجلسة
To resume the -	استأنف الجلسة
Member	**عضو**
Alternate -	عضو مناوب
Associate -	عضو منتسب
Co-opted -	عضو مختار
Ex officio -	عضو بحكم منصبه
Full -, regular -,	عضو كامل الحقوق
Life -	عضو مدى الحياة
The oldest -	أكبر الأعضاء سناً
Original – (foundation -)	عضو مؤسس
Original – Nations (FAO)	الدول الأعضاء
Patron -	عضو متبرع
Regular -	عضو أصلي
Retiring -, outgoing	عضو خارج أو منتهية مدته
The senior-	أقدم الأعضاء
Substitute -	عضو بالإنابة
Membership	
- committee	لجنة العضوية
- (status of member)	(صفة) العضوية
Memorandum	**مذكرة**
- of law	مذكرة قانونية
- of understanding	مذكرة اتفاق، بروتوكول، اتفاق

Mimeographing

-, roneographing department, document
reproduction service

قسم استنساخ الوثائق

Mindful

- of, aware of, conscious of, bearing in mind

إذ يدرك، إدراكاً منه لـ مراعاة منه لـ

Minority

- views

وجهات نظر الأقلية

Minute- writer, précis-writer

كاتب المحضر

Minutes

-, record

محضر (الجلسة)

Summary – (FAO)

محضر موجز (الفاو)

To approve the -

أقر محضر (الجلسة)

To keep, to draw up the -

حرر المحضر

To place on record in the -

أثبت في المحضر،

To record in the -

سجل في المحضر

Mistake

Clerical -

خطأ كتابي

Modus vivendi

تسوية وقتية (توفيق بين الطرفين)

Motion

Dilatory -

اقتراح معوق

Incidental -

اقتراح عرضي

The - is adopted by 12 votes to 9 with 2
abstentions

اعتمد الاقتراح بأغلبية 12 صوتاً مقابل 9 أصوات وامتناع 2
عن التصويت

- of confidence, of censure

الاقتراع على الثقة

-, proposal

اقتراح

On the - of

بناء على اقتراح

Privileged -

اقتراح له الأسبقية (على سائر الاقتراحات)

Procedural -

اقتراح إجرائي

Substantive -	اقتراح في جوهر الموضوع
Substitute -	اقتراح بديل
To lay a – on the table (USA)	أجل اقتراحاً
To set side a -	استبعد اقتراحاً
To table a – (UK); to make, to move a proposal	قدم اقتراحاً أو مشروعاً
Indubitable –s	اقتراحات تطرح للتصويت دون مناقشة
To move	
-, to propose	اقترح (إجراء)

N

Nomination	**ترشيح**
-s committee	لجنة الترشيحات
Shall determine and submit to… the list of –s	تحدد قائمة المرشحين وترفعها إلى
To nominate	رشح (....لوظيفة.....)
Nominee	
To present a panel of –s, a list of candidates	قدم قائمة بالمرشحين
Notice	
- board	لوحة الإعلان
Notification	
- of session	الإخطار بانعقاد الدورات
Number	
Serial -	رقم متسلسل

O

Objection

Has no – to لا اعتراض له على

To disregard, an- أغفل، تجاوز اعتراضاً

To raise an – of principle, to object in principle اعترض (على أمر ما) من حيث المبدأ

To raise, bring up an - أثار اعتراضاً

To take (not to take) into account the – raised أخذ (لم يأخذ) بالاعتراض المثار

Observation

Formal - ملاحظة شكلية

Observe (to)

-s, notes (operative part of resolutions) يلاحظ

Obsolete

To consider an article as - اعتبر المادة منقضية المفعول

To obstruct

- (to hamper, to hinder) the work of اعاق سير المناقشات، عرقل سير العمل في..

Office منصب

Holder of an -; incumbent شاغل وظيفة

Period of-, term of-, tenure of- مدة التفويض، مدة شغل المنصب، مدة الرئاسة أو العضوية

To be in - شغل المنصب

To hold an - شغل منصباً

Unexpired portion of the term of - الفترة المتبقية من مدة شغل المنصب

Officers

Election of - انتخاب (أعضاء) المكاتب

- of the committee أعضاء مكتب اللجنة

- of the Conference مكتب المؤتمر

Opinion

Advisory -	رأي استشاري
In order to meet (to take account of) the –s of…	مراعاة لآراء
To accept the – of the experts	قبل رأي الخبراء
To give a considered – on	أبدى الرأي مسبباً في
To request a legal -	طلب فتوى قانونية

Opposition

In – to, in contrast to, at variance with, counter to	على نقيض، خلافاً لـ

Order

Am I in - …?	أيخولني النظام.؟
In -	لائق
In -	(اقتراح) مقبولاً شكلاً
In -	صحيح شكلاً (إجراء)
In -, in accordance with the rules	متفق مع النظام
In -, ready for discussion	مسألة جاهزة للمناقشة
- of business, programme of work or of meetings	الجدول الزمني للأعمال
- of the day office	مكتب تنظيم الجلسات
Out of-, improper, incorrect, inapposite	غير لائق، غير مناسب
Out of-, irregular, contrary to the Rules of Procedure	مخالف للنظام
Out of-, not receivable, not admissible	(اقتراح) غير مقبول شكلاً
Point of-	نقطة نظام
To change the – of the items	غيَّر ترتيب الموضوعات
To maintain-, to keep –	حفظ النظام

Overlapping

- with other meetings   تداخل مواعيد الاجتماعات

Overrule (to)

The President's ruling shall stand unless-d by a   يظل قرار الرئيس قائماً ما لم ترفضـه أغلبيـة الـدول الأعضـاء

majority of the Member States present and voting   الحاضرة والمصوتة

- an objection   رفض اعتراضاً

P

Pact, covenant   عهد

Page

Obverse, front side of the-   وجه الصحيفة

Overleaf, back side of the -   ظهر الصحيفة

Paragraph   فقرة

Operative -   فقرة من المنطوق

Sub -   فقرة فرعية

Preambular   **فقرة من ديباجة (القرار)**

Party

The contracting – ies   الطرفان المتعاقدان

Joint working -   الأطراف المتعاقدة

To be a – to a convention   أن يكون طرفاً في اتفاقية

Working -, working group   فريق عمل (ج: فرقة)

Penultimate

-, last but one   قبل الأخير

Place (to)

- an item on the agenda   أدرج بنداً في جدول الأعمال

This recommendation shall be –d before the…   تعرض هذه التوصية على

Place-maker, country's name- plate board   **لافتة باسم الوفد**

Platform

-, podium   منصة

Plenipotentiary   مفوض

Point

On a technical -, on a – of wording, drafting   ملاحظة تتعلق بالصياغة

- for action   الإجراء المطلوب

Point of order   نقطة نظام

To raise a -   أثار نقطة نظام

أبدى ملاحظة على سير المناقشة

طلب تطبيق النظام

Policy

The –ies of the organization   سياسة (سياسات) المنظمة

- making body   هيئة رسم السياسة، هيئة التوجيه

To postpone

-, to adjourn, to the next session   أرجأ إلى الدورة القادمة

To – a meeting   أجل اجتماعاً

Preamble   ديباجة (القرار)

President (See: Chairman)

....has the same power and responsibilities as the -   له ما للرئيس من سلطات ومسؤوليات

Honorary -   رئيس فخري

- of the General Conference (Unesco)   رئيس المؤتمر العام

Sitting as -,   يعمل بوصفه رئيساً

Acting as -,

Temporary – of the General Conference   الرئيس المؤقت للمؤتمر العام

Vice -   نائب الرئيس

Pressure

- group   جماعة ضغط

Priority	أولوية
Having first -/highest	الأسبق في الأولوية
Having a high -	له درجة عالية من الأولوية
Having a higher -	أجدر بالأولوية
Having a lower -	أدنى درجة في الأولوية
To establish an order of -	رتب حسب الأولوية
To have -	له الأولوية
Procedure	**إجراءات (الاجتماع)**
Financial rules and -	**القواعد والإجراءات المالية**
To apply the emergency -	طبق إجراءات الطوارئ
To proceed	
- with the business of the day, - to the next business	انتقل لجدول الأعمال
Proceedings	
- of a conference	أعمال المؤتمر
Program (Programmer)	برنامج
Daily – of meetings (sittings)	البرنامج اليومي للجلسات
To draw up the – of work	أعد برنامج عمل
To promote	
-- the objectives, the aims	عمل على تحقيق الأهداف
Proposal	اقتراح
Counter-, substitute motion	اقتراح مضاد، اقتراح بديل
On the – of...,	بناء على اقتراح...
On the motion of...	
Original -	الاقتراح الأصلي
The – shall be put to a final vote in its entirety	يطرح الاقتراح جملة للتصويت
To make, to move, to table (UK) a -, a counter-	قدم اقتراحاً، اقتراحاً مضاداً
To oppose a-,	عارض اقتراحاً

To object to a -

To put a - to the vote in parts	طرح الاقتراح للتصويت مجزأ
To second, to support a -	أيد اقتراحاً، ثنى على اقتراح
Proxy	**توكيل**
Purpose	
For the –s of these regulations.... Means	لأغراض هذا النظام بقصد ب.....، يقصد ب... في هذا النظام
Pursuant	
- to (in pursuance of) the provisions of..., under the terms of...	وفقاً لأحكام، طبقاً لأحكام

Q

Qualify (to)	
Has –ied his concurrence in ...	علق موافقته على شروط
Question	**موضوع، مسألة**
Immediately pending -	مسألة ينبغي البت فيها فوراً أو أولاً
Pending -	مسألة معلقة
The - is in fluid state, it remains an open -	لم تحسم المسألة بعد، ما زالت معلقة، قيد البحث
-s brought before (referred to) the General Assembly	مسائل معروضة على الجمعية العامة
To ask the assembly to decide upon	أحال الموضع على الجمعية للبت فيه
To depart form the -, digress from the subject, to be irrelevant	حاد عن الموضوع
To raise a previous (preliminary)-	أثار مسألة ينبغي البت فيها أولاً
To separate a – from	فصل مسألة عن
Quorum	**النصاب (القانوني)**
The - is reached, we have a -	اكتمل النصاب (القانوني)
To ascertain that there is a -	تحقق من اكتمال النصاب
Quota	**حصة**

R

Rapporteur	مقرر
Ratification	
To deposit the instrument of -	أودع وثيقة التصديق
Reaffirm (to)	
-s	يؤكد من جديد
To recall	
-, remind of, the terms of the rules	ذكر بأحكام النظام
Receipt	
To acknowledge the – of a letter of convocation	أفاد بتسليم الدعوة لاجتماع
Receivable	**مقبول شكلاً**
Receive (to)	
-s and accepts (a report)	يقبل ويوافق على (تقرير)
To -	قبل (طلباً)
To -, to have before it	تلقى، أحيل عليه
To -, to take cognizance of	أخذ علماً بـ علم ب
Recess	**استراحة (بين جلستين)**
Recommendation	**توصية**
Formal -	توصية رسمية
Record	
I move that the communication be struck (expunged) from the-	اقترح شطب، حذف الرسالة أو البيان من المحضر ـ أو المضبطة
I want to be on – as having...	أرغب في أن يسجل لي (في المحضر)
Official – of a meeting	محضر الجلسة الرسمي
Off the -	دون إثباته في المحضر
-s of the General Conference (Unesco)	سجلات المؤتمر العام (اليونسكو)

Summary -	محضر مختصر
To place on-, to – in the minutes	أثبت أو سجل في المحضر
To read into the – USA	أدرج في المحضر خطبة لم تلق
To strike the motion form the-	شطب، حذف الاقتراح من المحضر
Verbatim -,	محضر حرفي
Verbatim report	
To record	
-, to note	سجل، أخذ علماً ب
- in the minutes	سجل في المحضر
Rectification, correction	تصحيح
Refer (to)	
- red (to the Security Council)	محال (على مجلس الأمن)
--red to, provided for, mentioned	المشار إليه بالمادة المذكور المنصوص عليه (بالمادة...)
Reference	إحالة
By – from the Security Council	بناء على إحالة مجلس الأمن
Cross -	إحالة مزدوجة
- number	رمز، رقم (الوثيقة)
To give a- number to a document	أعطى رقماً لوثيقة
To refuse	
- to entertain (a proposal)	دفع بعدم قبول (اقتراح)
To register	
- a treaty, a convention	سجل معاهدة، اتفاقية
Registration	
- form	استمارة، نموذج تسجيل
Regulation	
Financial –s	النظام المالي
Provisional –s	نظام مؤقت

Release	
Press -. Communiqué	**بيان صحفي**
Renewal	
- of term of office	تجديد مدة شغل المنصب
Reply	
Right of -	حق الرد
Report	
Annual -	تقرير سنوي
Biennial -	تقرير عن عامين
The Committee has a – before it	اللجنة معروض عليها تقرير
Factual -, (detailed) account of the facts	تقرير موضوعي (مفصل)
Final -	تقرير نهائي
Interim -	تقرير مرحلي
Monthly -	تقرير شهري
Preliminary -	تقرير مبدئي
Progress -	تقرير مرحلي، عن سير العمل
Provisional -	تقرير مؤقت
Quarterly -	تقرير ربع سنوي
- ing services	قسم المضابط أو المحاضر
Sexennial -	تقرير سداسي
Six-monthly -, biannual	تقرير نصف سنوي
To state, to mention, to include in the -	ضمن التقرير
Represent (to)	**مثّل**
To invite to be –ed	دعا لا يفاد ممثل
Reproduction	**استنساخ**
Reservation	
With (without)-	بتحفظ، بغير تحفظ

Reserve

To – one's right to answer at a later stage

احتفظ بحق الرد فيما بعد

Resolution

Joint draft – submitted by

مشروع قرار مشترك مقدم من

Operative paragraph 1 (of a -)

الفقرة الأولى من منطوق (القرار)

Operative part of a-,

منطوق القرار

Substantive provisions of a -

The question was closed and the – stood

انتهت مناقشة المسألة وظل القرار قائماً

- (Gen. Conf.), decision (Ex. Board) (Unesco)

قرار

This – as it now stands

هذا القرار في صورته الراهنة

The – is defeated, rejected

رفض القرار

-s committee

لجنة القرارات

The – was passed, adopted

اعتمد القرار

To divide a -, a motion

جزأ القرار أو الاقتراح

Resumption

- of the debate

استئناف النقاش

Return

Ballot -s

نتائج الاقتراع

Rider

فقرة إضافية، حكم إضافي

Rostrum

منبر

To be at the -

شغل المنبر

To go up to the -

اعتلى المنبر

A vote by roll call at the -

الاقتراع نداء بالاسم من المنبر

Rotation

- in office

التناوب على المنصب

Round- table

- meeting

اجتماع مائدة مستديرة

rule	قاعدة
Departure from a -, waiving of a -	استثناء من القاعدة
Enforcement of the –s of procedure	تطبيق النظام الداخلي
-s	النظام
-s of procedure	النظام الداخلي
-s for the carrying out …..	قواعد (أحكام) تطبيق.....
Subject to (the present –s)	مع مراعاة أحكام هذا النظام
To adhere (to conform) to the –s of procedure, to comply with the requirements of the –s	التزم النظام
To apply the –s of procedure	طبق النظام
To infringe the -s	أخل بالنظام
To interpret, to construe the –s	فسر النظام
To submit to the –s governing	التزم القواعد المنظمة لـ.
To suspend –s	وقف العمل بالنظام
Ruling	
To ask for a -	طلب من الرئيس اتخاذ قرار (في النظام)
To give a -	أصدر الرئيس قراراً (في النظام)
To give a final -	أصدر قراراً نهائياً (في النظام)

S

Satisfaction	
Expresses its -, gratification	يعرب عن ارتياحه (منطوق القرارات)
To take note with approval, with -	أخذ علماً بارتياح
Schedule	**جدول زمني**
Provisional – of meetings	جدول الاجتماعات المؤقت
Seat	**مقعد**
Allocation of – s	توزيع المقاعد
To take ones -	احتل مقعده (في الاجتماع)
Seating	

- plan	نظام الجلوس، ترتيب المقاعد
Secretary	**أمين، سكرتير**
Assistant – General	**الأمين العام المساعد**
Executive	**الأمين التنفيذي**
- General	**الأمين العام**
Having seen	
- the report (preamble of resolutions)	وقد اطلع على التقرير، بعد الاطلاع على التقرير
Seminar	**حلقة تدارس، حلقة دراسية**
Seniority	
On grounds of-	بحكم الأقدمية أو السن
Sense	
- of the meeting, consensus of the meeting	الاتجاه السائد في الاجتماع، الاتجاه الذي أسفر عنه الاجتماع
To ask the – (the consensus of opinion) of the assembly	استطلع الرأي السائد في الجمعية أو الاجتماع
To take the – of the General Conference	استشار المؤتمر العام
To serve	
- on (a Board)	اشترك في (المجلس) (عضوا فيه)
Session	دورة
Between –s	بين دورات (المؤتمر العام)
Concurrent –s	اجتماعات متزامنة
Emergency -.	دورة طارئة
Extraordinary -	دورة استثنائية
Ordinary – Regular -,	دورة عادية
Plenary -, Plenary meeting, Plenary assembly	جلسة عامة
Special – (UN)	دورة استثنائية

To adjourn the -, to close the --	أعلن انتهاء (اختتام) الدورة
Set	
Under, -forth in …, provided for in…, listed in….	منصوص عليه في، مذكور في، وارد في
Share (to)	
-s the view of …., agrees with ….that	يشارك... في رأيه، يشاطر .... الرأي
Sine die	
To adjourn -	أجل لأجل غير مسمى
Slate, list of candidates	قائمة المرشحين
To speak	
Granting and withdrawal of that right-	إعطاء حق الكلام وسحبه
To give up one's turn- in favours of; to yield to (USA)	تخلى (نزل) عن دوره في الكلام لصالح
- against the closure (of the debate)	عارض إقفال (باب النقاش)
Speaker	متحدث، خطيب
The list of – s is closed	أقفلت قائمة المتحدثين
There are no further –s on the list	استنفدت قائمة المتحدثين
To call the – to order	دعا المتحدث إلى الالتزام بالنظام
To close the list of –s	أقفل قائمة المتحدثين
To request the – to keep to the point under discussion	دعا المتحدث إلى الالتزام الموضوع المطروح
To restrict, to limit, the time accorded to –s	حدد الزمن المخصص لكل متحدث
Specified	
Unless otherwise -	إلا إذا نص على غير ذلك، ما لم يرد نص مخالف
Speech	
Closing -,	خطبة ختامية
Closing address	
Maiden -	أول خطبة (يلقيها المتحدث)
To deliver an address, a -	ألقى خطبة، خطب
To direct …. to discontinue his -	

	سحب الكلمة من
Spokesman	الناطق بلسان، المتحدث باسم
Sponsor, original mover (or a resolution)	مقدم (قرار أو مشروع قرار)
Co – (of a draft resolution)	أحد مقدمي (مشروع قرار)
Sponsor (to)	
-ed by, presented, submitted, proposed by	اقتراح مقدم من
--ed by, under the auspices of	تحت رعاية
Staff	
Local -	موظفون محليون
- Committee	لجنة شؤون الموظفين
- regulations and staff rules (Unesco)	نظام ولائحة الموظفين
Stand	
To take a –against a proposal	عارض اقتراحاً
To take a – for a proposal, to speak on behalf of a proposal	اتخذ موقف التأييد
To state	
--, to provide	نص على
Statement	**بيان، تصريح**
Formal -	بيان رسمي
Introductory -	بيان استهلالي أو تمهيدي
Summary	بيان (عرض) موجز
To record a -, to note a-, to place a – on record	سجل تصريحاً
To make a personal – in personal (capacity)	أدلى ببيان بصفة شخصية
Statistical	
- data	بيانات إحصائية

Status	
Consultative -	صفة استشارية، وضع استشاري
- (of member of a delegation)	صفة (عضو أحد الوفود)
Statutes	**نظام أساسي**
Statutory	
- ceiling	الحد الأقصى القانوني
Steps	
To take -, necessary measures; to make suitable arrangements	اتخذ التدابير، الخطوات اللازمة
Stock -taking	**حصر أو وجرد**
Study	
Case -	دراسة حالة
Subject	
- to (the present rules)	مع مراعاة (أحكام هذا النظام)
To submit	
- (...) to a body	عرض.... على هيئة
-, to sponsor , to present, to introduce a draft resolution	قدم مشروع قرار
Subsidy, financial assistance, grant-in-aid, subvention	إعانة مالية
Substance	
Amendment of -	تعديل في جوهر الموضوع
Discussion on the - of an item	مناقشة موضوع من حيث الجوهر
To come to the - of the matter	جوهر (موضوع ما)
To suspend	
- the debate (the sitting, the discussion)	وقف المناقشة (أو الجلسة)
-, to waive the rules	وقف العمل بالنظام

T

Take (to)	
- ing into account;	إذ يأخذ في الاعتبار، مع مراعاة
- account of	
- ing note (preamble of resolutions)	إذ يأخذ علماً بـ إذ يسجل
Teller; returning officer (ILO)	**محصي الأصوات**
Term	
- of office, tenure of office	مدة شغل المنصب، مدة العضوية أو الرئاسة
-s of appointment	شروط التعيين
-s of reference	مهام، اختصاصات
-s of trade	نسب التبادل (التجاري)
To extend the – of office	مدة شغل فترة المنصب
To renew the – of office, the appointment	جديد مدة شغل المنصب
Unexpired -	المدة الباقية في الرئاسة، في العضوية، في المنصب
To terminate	
- a contact	انهاء عقداً
Text	
Authentic -,	نص رسمي
Authoritative -	
Equally authentic –s	نصوص متساوية الحجية
Original -	النص الأصلي
Time	
- table schedule	جدول زمني
To grant – for reflection	منح مهلة للتروي
Treaty	**معاهدة**
Tribute	
To pay – to	أعرب عن تقديره لـ...، أشاد ب..ز
Tri partite	**ثلاثي (اتفاق)**
Trust (to)	

-s that....

يعرب عن ثقته، يعرب عن أمله

U

Unanimous
اجماعي
Carried -ly
أقر بالإجماع
Unauthorized
- person
شخص غير مفوض
Under
For consideration – item 3 of the agenda
لبحثه في إطار البند 3 من جدول الأعمال
-, on the strength of...
بموجب، بمقتضى
- (the Regular Programme)
في نطاق (البرنامج العادي)
United Nations
The – system
منظومة الأمم المتحدة
Up-to-date
To bring a report -
استوفى، حدّث تقريراً
Urges
يحث، يلح

V

Vacancy
To fill a -
شغل منصباً أو مقعداً شاغراً
Validity
Period of – (of a decision)
مدة الصلاحية (لقرار ما)
Verbatim

- record
محضر حرفي

- reporter
مدون المحضر الحرفي

Veto

To -, to impose a –
استعمل حق النقض أو الفيتو

صوت، تصويت

Before the – is taken	قبل أخذ الأصوات
By 19 –s to nil, with 3 abstentions	بأغلبية 19 صوتاً مقابل لا شيء وامتناع 3 عن التصويت
Casting -, tie-breaking power	الصوت المرجح
The Chairman has the casting-	صوت الرئيس هو المرجح
Defective -, invalid -	تصويت باطل
Dissenting -	تصويت معارض
Inconclusive -	تصويت غير حاسم
Number of –s recorded, cast	عدد الأصوات المدلى بها
Purpose of the -	موضوع التصويت
Roll-call – record – (ILO)	التصويت نداء بالاسم
Separate -	تصويت على حدة، تصويت مجزأ
Tied-, equally divided –s, equality of –s	تعادل الأصوات
To ask for a – article by article	طلب التصويت مادة مادة
To call for a count (of –s)	طلب عدّ الأصوات
To cancel a -	ألغى اقتراعاً
To cast a – (for or against)	صوت (إلى جانب أو ضد)
To change one's -	عدل تصويته
To count the –s	أحصى الأصوات
To explain one's -	شرح أسباب تصويته
To give a casting -	أدلى بصوت مرجح، رجح أحد جانبي التصويت
To go back upon a -	عدل عن تصويته
To move that the question be not put to the -	اقترح عدم طرح المسألة للتصويت
To move that a separate – be taken	طلب التصويت على الموضوع مجزأ
To proceed to the -	انتقل إلى التصويت
to put to the - to take a – on	طرح (موضوعاً) للتصويت
To record the results of a -	دوّن نتائج التصويت

Unanimous -	تصويت جماعي
- by proxy	التصويت بالوكالة
- by show of hand	التصويت برفع الأيدي
- by sitting and standing	التصويت بالوقوف أو النهوض
- by "yes" and "no"	التصويت بنعم أو لا
The - ended in a tie	تعادلت الأصوات
- indicator	جدول نتائج الإقتراع
- of thanks	قرار شكر
To vote	**صوت**
Exercise of the right -	ممارسة حق التصويت
To be entitled -, to have the right -	له حق التصويت
To exercise the right -	مارس حق التصويت
- in favour of (to support) a draft resolution	صوت إلى جانب مشروع قرار
- on the motion as a whole	صوت على الاقتراح جملة
Without the right -	دون أن يكون له حق التصويت
Voter	
Non -	غير مصوت
Voting	
Cessation of disqualification form -	استعادة الأهلية للتصويت
Disqualification from -	فقدان الأهلية للتصويت
To check the result of the -	راجع نتيجة التصويت
To declare that the – has begun	أعلن بدء التصويت
- Papers left blank or otherwise invalid will not be reckoned, take into account	تغفل بطاقات التصويت الخالية أو البيضاء
- procedure	إجراءات التصويت
- slip, - paper, ballot paper	بطاقة تصويت أو اقتراع
Weighted – system	نظام التصويت أو المرجح

W

Waive

I – my right to speak أتنازل عن الكلام، أتنحى عن الكلمة

Waiver إعفاء

---- تخل، تنازل

Welcomes **يرحب بـ (منطوق القرارات)**

To wind up

- the conference's proceedings أنهى أعمال المؤتمر

Withdraw

To – in favour of تنازل لصالح

Workshop **حلقة عمل**

Y

Year

Calendar - سنة تقويمية

Fiscal - سنة مالية

الملحق رقم (3)

قائمة بفيديوهات (Videos) وبمواقع الكترونية عن قواعد هنري روبرت التنظيمية للاجتماعات (Websites)

VIDEOS

1. HOW TO CONDUCT A MEETING (32 min. VIDEO)

World's first video about conducting a meeting from beginning to end according to Robert's Rules of Order covers basic procedures: quorum, agenda, call to order, minutes, reports, unfinished business, new business, discussion, voting, and adjournment. Includes an audio cassette, a generic meeting script to help you perform like a pro, and an agenda planning guide.

2. PARLIMENTARY PROCEDURE MADE SIMPLE (80 min. VIDEO)

Details how to make motions, amend motions, close debate, conduct committee and board meetings, take minutes, vote and preside, and has an example meeting conducted according to Robert's Rules of Order.

3. ALL ABOUT MOTIONS Pts 1 & 2 (140 min. VIDEO)

As a set, the All About Motions videos are a visual encyclopedia of virtually every motion in Robert's Rules of Order. Second video is a detailed meeting showing how many of the motions are used in an actual meeting. Each individual video cassette comes with a time coded booklet full of helpful additional information.

مواقع الكترونية - Websites

1. www.robertsrules.com

The official home page of Robert's Rules of Order Newly Revised. Includes a question-and-answer forum.

2. www.robertsrules.org

A quick reference for running meeting effectively, with summary of rules. For middle/ high school students.

3. www.roberts.com

Practical tips on parliamentary procedure, updated monthly by the California State Association of Parliamentarians. A how-to site, with examples in layman's language for the beginner.

4. www.rulesonline.com

Full 1915 edition of Robert's Rules, with an index and a keyword search. Easy-to-use site for submitting a question, taking a parliamentary quiz, or linking to over fifty parliamentary Web sites.

الهـوامش

Endnotes

ENDNOTES الهوامش

1- Nancy Sylvester, **The Complete Idiot's Guide to Robert's Rules** Indianapolis, IN : Alpha, 2004 , P. 253 .

2- Webster's New World, **Robert's Rules of Order Simplified & Applied**; Second Edition. Indianapolis, Indiana. Wiley Publishing, Inc., 2001, P.7 .

3- انظر ما يلي:

a. Henry M. Robert III, William J. Evans, Daniel H. Honemann and Thomas J. Balch, **Robert's Rules of Order. Newly Revised**; 10th Edition. Cambridge , MA : Da Capo Press, PP. vii - xviii .

b. هنري أم روبرت الثالث ووليام جي ايفانز ودانييل اتش هونان وتوماس جي. باش، **قواعد النظام الديمقراطية "قواعد روبرت التنظيمية للاجتماعات"** ، بيروت: مركز دراسات الوحدة العربية، تشرين الثاني / نوفمبر 2005 ، ص 9-21 .

4- انظر (10) من (3) اعلاه ، ص 52 .

5- Webster's New World, **Op.Cit**, P. 221 .

6- انظر:

a.Michael Doyle and David Straus, **How To Make Meeting Work**, NewYork: Berkley Books, 1993 , PP. 4-5 .

b. **Every Manager's Desk Reference**. NewYork: ALPHA (A member of Penguin Group (USA) Inc. 2002, P. 724 .

7- انظر (b) في (6) أعلاه PP. 730-734

8- انظر ما يلي:

a. Sylvester, **Op.Cit**, pp. 238-246 .

b. Webster's New World, **Op.Cit**, pp. 235-237 .

9- انظر ما يلي:

a. نادر احمد ابو شيخة : **ادارة الاجتماعات**: عمان: المنظمة العربية للعلوم الادارية، 1982، ص 23-19 .

b. كايد سلامة: **ادارة الاجتماعات : مهارة اساسية للمدير الفعّال**، مركز البحث والتطوير التربوي، جامعة اليرموك ، شباط، 1989 ، ص 9-10 .

10- بالاضافة إلى الكتابين المذكورين في a & b من (3) انظر ما يلي:

a. Alan Jennings, **Robert's Rules For Dummies. Tips & Tools for Meetings, Elections & More.** Hoboken, N.J. : Wiley Publishing , Inc., 2005 , PP. 69-204.

b. Webster's New World, **Op.Cit**, PP. 31-140 .

c. Sylvester, **Op.Cit.**, PP. 47-165 .

d. Henry M. Robert III , William J. Evans, Daniel Honemann and Thomas J. Balch , **Roberts Rules of Order. Newly Revised. In Brief** Cambridge , MA : Da Capo Press , A Member of the Perseus Books Group, 2004, PP. 19-51 .

11- المملكة الأردنية الهاشمية، مجلس النواب، **النظام الداخلي**، مطبوعات مجلس النواب، الطبعة الرابعة، 2000، ص 30-36 .

12-   **نفس المرجع** ، ص 26-27 .

13-   جوانا جوتمان (ترجمة تيب توب لخـدمات التعريـب والترجمـة، شـعبة العلـوم الاقتصـادية والادارية) **اعداد محاضر الاجتماعات**، القاهرة: دار الفاروق للنشر والتوزيع، الطبعـة العربيـة الاولى 2002، ص 43-47 .

14-   المملكة الأردنية الهاشمية، مجلس النواب، **النظام الداخلي**، ص 28 .

المراجـــع

References

المراجع العربية :

- ابو شيخة، د. نادر أحمد (1982)، **إدارة الاجتماعات**، عمان: المنظمة العربية للعلوم الادارية.
- جوتمان، جوانا (ترجمة تيب توب لخدمات التعريب والترجمة، شعبة العلوم الاقتصادية والإدارية) ، (الطبعة الرابعة 2006) ، **اعداد محاضر الاجتماعات**، القاهرة: دار الفاروق للنشر والتوزيع.
- روبرت الثالث، هنري ام. ايفانز، وليام جي، هونمان، دانييل اتش، بالش وتوماس جي (نوفمبر 2005) ترجمة د. عبد الله بن حمد الحميدان، **قواعد النظام الديمقراطية، "قواعد روبرت التنظيمية للاجتماعات "**، بيروت: مركز دراسات الوحدة العربية.
- سلامة ، كايد، **ادارة الاجتماعات مهارة أساسية للمدير الفعّال** (شباط 1989) جامعة اليرموك: مركز البحث والتطوير التربوي.
- كشت، ابراهيم (1999). **ومضات إدارية ، صور من الواقع الاداري وأفكار ادارية عرضت بأسلوب القصة والخاطرة والحوار**. عمان: دار وائل للطباعة والنشر.
- المملكة الأردنية الهاشمية، مجلس النواب (الطبعة الرابعة 2006) **النظام الداخلي**، مطبوعات مجلس النواب.
- اليونسكو (1978). **معجم مصطلحات المؤتمرات**، الطبعة الثانية منقحة . باريس، فرنسا: اليونسكو .

المراجع الأجنبية

- ALPHA (A Member of Penguin Group, USA) (2002). **Every Manager's Desk Reference** .

- Doyle, Michael and Straus , David (1993). **How To Make Meetings Work**. NewYork : Berkley Books .

- Jennings , Alan (2005). **Robert's Rules for Dummies. Tips & Tools for Meetings, Elections & More**. Hoboken , N.J.: Wiley Publishing, Inc.

- Robert III, Henry M., Evans , William J., Honeman, Daniel H. and Balch Thomas J. (2000) **Robert's Rules of Order. Newly Revised; 10th Edition**. Cambridge, MA : Da Capo (a Member of the Persus Books Group) .

- _____ (2004) **In Brief**. Cambridge, MA : Da Capo Press, (A Member of the Persens Book Group .

- Sylvester , Nancy (2004). **The Complete Idiot's Guide to Robert's Rules**. Indianapolis, IN. : Alpha .

- Webster's New World (2001). **Roberts Rules of Order Simplified & Applied**; Second Edition. Indianapolis , Indiana: Wiley Publishing, Inc.

Printed in the United States
By Bookmasters